**Uma
base
segura**

B787b Bowlby, John.
   Uma base segura : aplicações clínicas da teoria do apego/ John Bowlby ; tradução: Marcos Vinícius Martim da Silva ; revisão técnica: Cleonice Alves Bosa. -- Porto Alegre : Artmed, 2024.
   xx, 210 p. ; 23 cm.

   ISBN 978-65-5882-171-7

   1. Psicologia do desenvolvimento. 2. Comportamento de apego. I. Título.

   CDU 159.922-053.2

Catalogação na publicação: Karin Lorien Menoncin – CRB 10/2147

Bowlby

Uma base segura

[Aplicações Clínicas da **Teoria do Apego**]

Tradução:
Marcos Vinícius Martim da Silva

Revisão técnica:
Cleonice Alves Bosa
Psicóloga. Professora titular da Universidade Federal do Rio Grande do Sul (UFRGS). Coordenadora do Núcleo Integrado de Estudos e Pesquisa em Transtornos do Desenvolvimento (NIEPED/UFRGS).

Porto Alegre
2024

Obra originalmente publicada sob o título *A Secure Base: Clinical Applications of Attachment Theory*, 1st Edition

ISBN 9780415355278

Copyright © 2005. All Rights Reserved. Authorised translation from the English language edition published by Routledge, a member of the Taylor & Francis Group.

Gerente editorial
Letícia Bispo de Lima

Colaboraram nesta edição:

Coordenadora editorial
Cláudia Bittencourt

Capa
Tatiana Sperhacke

Preparação de originais
Marcela Bezerra Meirelles

Leitura final
Marquieli Oliveira

Editoração e projeto gráfico
TIPOS – design editorial e fotografia

Reservados todos os direitos de publicação, em língua portuguesa, ao
GA EDUCAÇÃO LTDA.
(Artmed é um selo editorial do GA EDUCAÇÃO LTDA.)
Rua Ernesto Alves, 150 – Bairro Floresta
90220-190 – Porto Alegre, RS
Fone: (51) 3027-7000
SAC 0800 703 3444 www.grupoa.com.br

É proibida a duplicação ou reprodução deste volume, no todo ou em parte, sob quaisquer formas ou por quaisquer meios (eletrônico, mecânico, gravação, fotocópia, distribuição na Web e outros), sem permissão expressa da Editora.

IMPRESSO NO BRASIL
PRINTED IN BRAZIL

"Uma das forças mais influentes na psiquiatria e na psicologia infantil, Dr. Bowlby desafiou os princípios básicos da psicanálise e foi pioneiro em métodos de investigação da vida emocional das crianças."
The New York Times

"John Bowlby foi uma personalidade imponente na psiquiatria geral, na psiquiatria infantil e na psicanálise. Mais do que ninguém, ele demonstrou a importância dos eventos da infância na vida real para o desenvolvimento da psicopatologia posterior."
The Independent

Para
Mary D. S. Ainsworth,
que introduziu o conceito
de base segura.

Agradecimentos

Durante os últimos 10 anos, tive o grande privilégio de manter uma comunicação frequente com funcionários e alunos da Clínica Tavistock, bem como com diversos colegas envolvidos em estudos pioneiros sobre o desenvolvimento dos padrões de apego nos primeiros anos de vida e na infância. A todos eles, sou profundamente grato, muitas vezes por sugestões úteis, às vezes por correções necessárias, e sempre por estímulo e encorajamento. À minha secretária, Dorothy Southern, também tenho uma profunda dívida de gratidão por muitos anos de serviço dedicado durante os quais ela fez dos meus interesses os dela.

Pela assistência editorial na preparação dessas palestras para publicação e pelo desenvolvimento do índice, meus devidos agradecimentos a Molly Townsend.

As seis primeiras palestras deste livro fizeram parte de outras publicações, e sou grato aos editores envolvidos pela permissão para reproduzi-las aqui. A primeira palestra foi o Capítulo 18 de *Parenthood: A Psychodynamic Perspective* (Paternalidade: uma perspectiva psicodinâmica), editado por Rebecca S. Cohen, Bertram J. Cohler e Sidney H. Weissman, The Guilford Press, Nova York (1984); a segunda foi *Attachment and loss: retrospect and prospect* (Apego e perda: retrospectiva e perspectiva), publicada no *American Journal of Orthopsychiatry* 52: 664–78 (1982); a terceira palestra foi publicada sob o título *Psychoa-*

nalysis as art and scienc (Psicanálise como arte e ciência), na *International Review of Psychoanalysis* 6: 3–14 (1979); a quarta foi *Psychoanalysis as a natural science* (Psicanálise como ciência natural), na *International Review of Psychoanalysis* 8: 243–56 (1981); a quinta palestra foi *Violence in the family as a disorder of the attachment and caregiving systems* (Violência na família como um transtorno dos sistemas de apego e de cuidado), em *The American Journal of Psychoanalysis* 44: 9–27 (1984); a sexta palestra foi o Capítulo 6 de *Cognition and Psychotherapy* (Cognição e psicoterapia), editado por Michael J. Mahoney e Arthur Freeman, Plenum Publishing Corporation, Nova York e Londres (1985), e foi ampliada a partir de *On knowing what you are not supposed to know and feeling what you are not supposed to feel* (Saber o que você não deve saber e sentir o que você não deve sentir), publicada no *Canadian Journal of Psychiatry* 24: 403–8 (1979).

JOHN BOWLBY

Apresentação

Uma base segura foi publicado pela primeira vez em 1988, quando John Bowlby tinha 81 anos. Embora houvesse, surpreendentemente, mais um livro por vir – a biografia de Darwin –, esta é sua contribuição final para a teoria do apego, a disciplina que ele, com a ajuda de Mary Ainsworth, fundou quase meio século antes. Assim, este livro tem uma sensação de despedida – um resumo do trabalho de uma vida, mas também um tributo e uma entrega à próxima geração de clínicos e pesquisadores da teoria do apego.

Nele, estão todos os temas bowlbianos familiares – teóricos, etiológicos, metodológicos, clínicos e políticos. Bowlby reafirma os conceitos fundamentais de suas ideias: a primazia da resposta comportamental de apego e seu papel na proteção contra a predação; o cuidado sensível como base para a saúde psicológica; a importância contínua do apego ao longo do ciclo de vida. Ele argumenta de maneira convincente sobre o papel da adversidade na vida real – privação emocional, luto não elaborado, rejeição, ofuscação, negligência e abuso físico e sexual – como a origem da psicopatologia subsequente, em oposição a supostas entidades endopsíquicas, como o "instinto de morte".

Do ponto de vista metodológico, Bowlby enfatiza a importância da observação científica sistemática de crianças e pais, em oposição às reconstruções especulativas do divã. Do ponto de vista clínico, ele enxerga o terapeuta como alguém que fornece uma base segura para seus pacientes, um trampolim a partir do qual eles podem começar a desenvolver a livre narrativa, que é característica daqueles que estão seguramente apegados.

Por fim, há a base figurada da filosofia social de Bowlby no cerne de seu trabalho: "o poder do homem e da mulher dedicados à criação de crianças felizes, saudáveis e autônomas em seus lares não é valorizado. Criamos um mundo turbulento" (p. 2).

Os últimos 25 anos testemunharam uma explosão de interesse pela teoria do apego, culminando no volume de referência *Handbook of Attachment* (Cassidy & Shaver, 1999), um emocionante resumo de como a "semente" plantada por Bowlby e Ainsworth floresceu e tornou-se uma "planta resistente", gerando uma floresta de desenvolvimentos, aplicações e ideias. Nesta breve introdução, destacarei três áreas de crescimento, ou "avanços recentes", na teoria do apego, sugeridas por Bowlby, mas significativamente expandidas desde a primeira publicação de *Uma base segura*: o papel dos pais na criação de apegos seguros; a mentalização e a "teoria da mente" como conquistas desenvolvimentistas; e a psicoterapia como jornada interpessoal.

Apego aos pais. Como implícito na citação anterior, Bowlby sempre enfatizou a importância de mães *e* pais na formação de uma base segura. Um dos elementos cruciais para sustentar o argumento de que a segurança do apego é um fenômeno interpessoal e interativo, e não apenas uma questão de temperamento inato da criança, é que uma mesma criança pode ser classificada como segura em relação a um dos pais e insegura em relação ao outro na Situação Estranha*. No entanto, a teoria do apego, em suas abordagens tanto de pesquisa quanto clínicas, tende a ser bastante centrada na figura materna, e tem sido

---

*N. de R. T. A técnica da situação estranha é um processo de laboratório que foi projetado pela psicóloga americana Mary Ainsworth em 1960. Seu objetivo era estudar o tipo de interação que uma mãe ou um adulto (estranho) mantém com a criança em um ambiente não familiar.

desafiador definir com precisão a contribuição do pai para a segurança do apego.

Trabalhos recentes (Grossman, Grossman, & Zimmerman, 1999; Grossman, Grossman, & Zindler, 2005) começaram a lançar luz sobre esse tópico. Quando Bowlby estava escrevendo os ensaios e as palestras que compõem este livro, na década de 1980, os estudos longitudinais dos fenômenos de apego ainda estavam em estágio inicial. Agora, temos 20 anos de estudos prospectivos que analisam medidas de segurança do apego, sensibilidade parental, exploração, competência relacional e suas representações mentais ao longo da infância. Essas medidas podem ser correlacionadas com a disposição de apego no início da idade adulta, manifestada nas atitudes em relação a relacionamentos românticos e à Entrevista de Apego Adulto (EAA).

Esses estudos demonstram que as contribuições paternas são, de fato, vitais para o desenvolvimento de disposições de apego seguras, estáveis, exploratórias, equilibradas e expressas verbalmente de forma fluente na fase adulta.

No entanto, essa contribuição para a saúde psicológica não é predominantemente mediada pela segurança do apego, conforme medida na Situação Estranha. O papel dos pais, diferentemente, é sentido por meio da dimensão exploratória da dicotomia apego/exploração, sendo eliciado pela medida SCIP (do inglês *sensitive and challenging interactive play*) (Grossman, Grossman, & Zindler, 2005), que observa e classifica a interação entre pais e filhos em uma sessão de brincadeiras de 10 minutos.

Em geral, os escores *combinados* mãe–pai em múltiplas dimensões de apego na infância são muito mais preditivos de segurança ou insegurança da representação do apego na fase adulta do que os escores de qualquer um dos pais isoladamente. No entanto, a dimensão de preocupação – adultos que oferecem respostas confusas, sobrecarregadas de afeto e não estruturadas – está fortemente correlacionada com a rejeição e a insensibilidade do pai durante a meia-infância, com a contribuição materna sendo relativamente fraca. Assim, parece que pais suficientemente bons ajudam seus filhos a desenvolver clareza de pensamento e a lidar com emoções negativas sem se sentirem sobrecarregados.

Como as mães, os pais também precisam ser sensíveis, mas sua sensibilidade assume a forma de elogio, encorajamento e capacidade de sustentar o afeto positivo em relação a seus filhos. Esses pais ajudam seus filhos a lidar com conflitos entre curiosidade e cautela, assumindo o papel de um pai protetor e desafiador que diz "você pode fazer isso". Isso diverge significativamente do quadro castrador apresentado na teoria psicanalítica clássica, que pode ser aplicado com mais precisão a pais insensíveis que falham intuitivamente em compreender a mensagem básica do apego: que a realização está sempre baseada na segurança.

Mentalização e teoria da mente. Bowlby viveu o suficiente para apreciar o enorme significado da contribuição de Mary Main para a teoria do apego e, em específico, as possibilidades representadas por seu desenvolvimento da EAA (Hesse, 1999). Ele menciona a descoberta de Main, confirmada por outros estudos, de que mães inseguras na EAA eram mais propensas a ter filhos inseguros, conforme medido na Situação Estranha. Bowlby via o apego inseguro em termos de defesas psicológicas necessárias para a sobrevivência emocional (e, em um ambiente de adaptabilidade evolutiva em que nossa espécie evoluiu, a sobrevivência física) –, mas também como um fator constritivo que exclui o indivíduo inseguro da possibilidade de lidar com experiências adversas.

Um achado crucial nesse trabalho inicial foi a descoberta de que a "função reflexiva" (Fonagy et al., 2002), medida na EAA, parece ser um fator protetor que, apesar da experiência adversa da infância, como separação parental, luto ou mesmo negligência e abuso, permite que os indivíduos permaneçam seguros e forneçam segurança para seus filhos. Simplificando, a capacidade de "falar sobre isso" atenua as consequências negativas do trauma infantil em longo prazo. A "função reflexiva" pode ser vista como uma forma de diálogo interno, uma representação mental da experiência subjacente a essa capacidade de narrar.

Fonagy et al. (Fonagy, Gergely, Jurist, & Target, 2002; Bateman & Fonagy, 2004) ampliaram essas descobertas iniciais com seu novo conceito de "mentalização". Baseados na tradição filosófica da "teoria da mente", eles propõem que existem processos cruciais de desenvolvimento que permitem às crianças começar a compreender que elas mesmas, e as pessoas ao seu redor, têm "mentes" – ou seja, a capacidade de representar o mundo e ter projetos, crenças e desejos. A mentalização nos permite distinguir entre a "realidade" e a nossa perspectiva ou apreciação da realidade, além de compreender que pessoas diferentes têm visões diferentes do mundo. Assim, a mentalização, que poderia ser vista como extensão da noção de Bowlby de modelos internos de funcionamento, é antinarcisista e, segundo Fonagy et al., um componente vital da capacidade de interagir socialmente, incluindo a de lidar com as dificuldades da ausência de sintonia, as rupturas de vínculos e as pequenas falhas, parte normal da parentalidade "suficientemente boa", ou mesmo "não suficientemente boa". Esse conjunto de ideias leva a uma visão bastante diferente do significado evolutivo de apego, que Bowlby, com base em uma perspectiva etológica, sempre insistiu que era o da proteção contra a predação. Fonagy et al. (2002) sugerem que a proximidade emocional e física proporcionada pelo apego também capacita as crianças a compreenderem a si mesmas e aos outros. O apego seguro nos permite "ler" as pessoas, incluindo nós mesmos. Estudos recentes sobre psicopatologia do desenvolvimento estão começando a investigar os processos de desenvolvimento que levam a uma mentalização bem-sucedida, como o "espelhamento" entre mãe e filho e o estabelecimento de fronteiras claras entre "fingimento" e realidade, bem como as maneiras pelas quais esses processos podem se romper. Esses estudos sugerem que o apego inseguro, sobretudo o desorganizado (Holmes, 2004), provavelmente é um fator que predispõe ao desenvolvimento subsequente de dificuldades de personalidade na vida adulta (Bateman & Fonagy, 2004), em especial o transtorno da personalidade *borderline* (descrito neste livro por Bowlby em termos psicanalíticos tradicionais como casos de "falso *self*", personalidade esquizoide ou narcisismo patológico).

Aspectos interpessoais da psicoterapia. Bowlby regularmente apontava os paralelos entre uma parentalidade segura e uma boa psicoterapia (ver Capítulo 8). Assim como reabilitou o papel do trauma real, em oposição à fantasia, como o fator patogênico nas dificuldades psicológicas, ele defendia que fosse dada ênfase "mais ao papel do terapeuta como acompanhante de seu paciente na exploração de si mesmo e de suas experiências, e menos na interpretação do terapeuta para o paciente" (p. 177).

O próprio Bowlby claramente conseguiu fornecer uma base segura para seus pacientes, seus colegas de trabalho e seus alunos, inspirando enorme afeto e admiração entre eles. Seus escritos e sua história de vida estão impregnados de sua capacidade de equilibrar qualidades "maternais", como sensibilidade e responsividade, com o desafio e o apoio "paternos" (nota-se que estou, aqui, repudiando totalmente minha descrição anterior, imprecisa e inadequada, de Bowlby como "refutado", Holmes, 1993). Talvez ele não tenha apreciado, no entanto, o quão duramente conquistadas essas qualidades são para alguns terapeutas. Trabalhos recentes começaram a desvendar as contribuições separadas de terapeuta e paciente para a díade terapêutica, sugerindo que a qualidade da terapia e, provavelmente, em última análise, seu resultado são determinados não apenas por cada um isoladamente, como também pela interação ou pelo "ajuste" entre eles. Dozier et al. (1999) analisaram as classificações de apego de terapeutas e seus clientes e descobriram que terapeutas inseguros tendem a reforçar os padrões de apego inseguros de seus pacientes evitativos, resultando em maior desativação de comportamentos de apego, e de suas contrapartes, preocupadas com maior apego e desregulação afetiva. Terapeutas seguros, por sua vez, tendem a restabelecer o equilíbrio entre evitação e preocupação, levando seus clientes a padrões de relacionamento mais seguros.

Com a introdução da Entrevista de Apego Adulto Paciente–Terapeuta (EAA-PT), Diamond et al. (2003) levaram essa linha de pesquisa um passo adiante. Nesse procedimento, a EAA é aplicada à própria relação terapêutica – tanto o terapeuta quanto o paciente são solicitados a fornecer adjetivos para descrever um ao outro, bem como histórias de apoio, e são convidados a especular sobre o porquê de eles acreditarem que seu paciente/terapeuta se comporta de determinada maneira. A entrevista é então transcrita e avaliada de forma semelhante à EAA, gerando categorias de apego e medidas de função reflexiva em relação ao processo terapêutico. E uma série de descobertas interessantes começa a surgir.

Em primeiro lugar, como se poderia esperar, a função reflexiva melhora ao longo da terapia. Em segundo lugar, resultados positivos parecem estar associados a terapeutas que não estão muito atrás nem muito à frente de seus clientes nos escores de EAA-PT. É necessário um grau de distância entre terapeuta e cliente, mas essa distância não deve ser excessiva – para a eficácia da terapia, não deve ser nem muito acolhedora nem muito desconfortável. Em terceiro lugar, a capacidade do terapeuta para a função reflexiva varia de paciente para paciente. Cada par terapeuta-paciente parece gerar sua própria atmosfera particular de apego e capacidade de mentalização, ou a falta dela.

Todas essas descobertas implicam uma cultura relacional muito mais complexa e dinâmica entre cuidador e quem recebe cuidado (seja pai e filho, seja terapeuta e paciente) do que as sugestões de Bowlby apresentadas no último capítulo deste livro. Acompanhar as adversidades dessa relação é um enorme desafio para desenvolvimentistas, pesquisadores de psicoterapia e clínicos que desejam praticar e ensinar sua profissão. Bowlby era um ecletista por excelência. Ele tinha uma notável capacidade de reunir diferentes disciplinas – psicanálise, ciência cognitiva, desenvolvimento infantil, etologia, cibernética – e integrá-las em uma história coerente.

Esse ecletismo torna a teoria do apego extremamente atraente para alguns, mas também desanimadora para os clínicos que buscam verdades provenientes apenas de um "Deus". Para que nossa disciplina avance ainda mais, será necessário outro esforço de síntese, reunindo ideias de neurobiologia, neuroimagem, linguística, ecologia e matemática de sistemas complexos, como a teoria do caos. Estabelecer essas conexões criativas é uma tarefa para o futuro – que Bowlby certamente teria endossado entusiasticamente e lamentaria ter perdido.

JEREMY HOLMES

Referências

Bateman, A. & Fonagy, P. (2004) *Psychotherapy for Borderline Personality Disorder*. Oxford: Oxford University Press.

Cassidy, J. & Shaver, P. (1999) *Handbook of Attachment*. London: Guilford.

Diamond, D., Stovall-McClough, C., Clarkin, J., & Levy, K. (2003) Patienttherapist attachment in the treatment of Borderline Personality Disorder. *Bulletin of the Menninger Clinic* 76, 227–259.

Dozier, M., Chase Stowall, K., & Albus, K. (1999) Attachment and psychopathology in adulthood. In *Handbook of Attachment* (Eds J. Cassidy & P. Shaver). London: Guilford.

Fonagy, P., Gergely, G., Jurist, E., & Target, M. (2002) *Affect regulation, mentalization, and the development of the self*. New York: Other Press.

Grossman, K., Grossman, K., & Zimmerman, P. (1999) A Wider view of attachment and exploration: stability and change during the years of immaturity. In *Handbook of Attachment* (Eds J. Cassidy & P. Shaver). London: Guilford.

Grossman, K., Grossman, K., & Kindler, H. (2005) Early care and the roots of attachment and partnership representation in the Bielefeld and Regensburg longitudinal studies. In *Attachment from infancy to adulthood: the major longitudinal studies*. New York: Guilford.

Hesse, E. (1999) The Adult Attachment Interview: Historical and Current Developments. In *Handbook of Attachment* (Eds J. Cassidy & P. Shaver). London: Guilford.

Holmes, J. (1993) *John Bowlby and Attachment Theory*. London: Routlege. Holmes, J. (2004) Disorganised attachment and Borderline Personality Disorder: a clinical perspective. *Attachment and Human Development* 6, 181–190.

Prefácio

Em 1979, sob o título de *Formação e rompimento dos laços afetivos*, publiquei uma pequena coleção de palestras que havia apresentado a diversos públicos ao longo das duas décadas anteriores. Neste livro, reúno uma seleção adicional das palestras realizadas desde então. As cinco primeiras foram apresentadas a públicos específicos em ocasiões também específicas, e os detalhes de cada uma delas são descritos em um breve preâmbulo. As outras três são versões estendidas de palestras que apresentei de maneira improvisada para audiências compostas de profissionais da saúde mental em países da Europa e da América. Como na coleção anterior, achei melhor reproduzir cada palestra em formato semelhante àquele em que foi originalmente publicada.

Uma vez que a teoria do apego fornece a base para cada palestra, foi necessário fazer algumas exclusões, para evitar excesso de repetição. A intenção é apresentar as mesmas ideias em diferentes contextos, de modo a esclarecer e enfatizar características distintivas da teoria.

É um pouco surpreendente que, embora tenha sido formulada por um clínico para uso no diagnóstico e no tratamento de pacientes e familiares com transtornos emocionais, até o momento, a teoria do apego venha sendo aplicada sobretudo para impulsionar pesquisas em psicologia do desenvolvimento. Apesar de eu valorizar os resultados dessas pesquisas como extensão significativa da nossa compreensão do desenvolvimento da personalidade e da psicopatologia e, portanto, sendo da maior relevância clínica, o fato de os clínicos terem sido tão hesitantes em testar os usos clínicos da teoria não deixa de ser decepcionante. Provavelmente, há várias razões para isso, e uma delas é que, a princípio, os dados extraídos pareciam ser indevidamente baseados em comportamentos observados. Além disso, os médicos são profissionais muito ocupados e, naturalmente, relutam em investir tempo tentando assimilar uma nova e desconhecida estrutura conceitual, a menos que tenham fortes razões para acreditar que isso melhorará sua compreensão clínica e suas habilidades terapêuticas. Para aqueles que decidiram que chegou a hora de explorar o que essa nova perspectiva tem a oferecer, espero que as palestras reunidas aqui possam fornecer uma introdução conveniente.

Sumário

1. Cuidando de crianças — 1
2. As origens da teoria do apego — 23
3. Psicanálise como arte e ciência — 45
4. A psicanálise como ciência natural — 67
5. Violência na família — 89
6. Saber e sentir o que não deveria — 115
7. O papel do apego no desenvolvimento da personalidade — 139
8. Apego, comunicação e processo terapêutico — 161

Referências — 185

Índice onomástico — 201

Índice — 207

1
Cuidando de crianças

Durante os primeiros meses de 1980, eu estava dando palestras nos Estados Unidos. Entre os convites que recebi, estava um da equipe psiquiátrica do Michael Reese Hospital, em Chicago, para discursar em uma conferência sobre parentalidade.

Um papel social indispensável

Em algum momento de suas vidas, acredito, a maioria dos seres humanos deseja ter filhos e deseja também que eles cresçam para serem saudáveis, felizes e autossuficientes. Para os bem-sucedidos, as recompensas são ótimas; no entanto, para aqueles que têm filhos, mas não conseguem criá-los para serem saudáveis, felizes e autônomos, as penalidades em termos de ansiedade, frustração, conflitos e, possivelmente, vergonha ou culpa podem ser graves. Portanto, envolver-se na paternidade é uma aposta alta. Além disso, como a parentalidade bem-sucedida é a principal chave para a saúde mental da próxima geração, precisamos saber o máximo possível sobre sua natureza e sobre as diversas condições sociais e psicológicas que influenciam seu desenvolvimento para melhor ou pior. Esse é um tema vasto, e tudo o que posso fazer nesta contribuição é esboçar a abordagem que adoto ao pensar nessas questões. Essa abordagem é etológica.

Antes de entrar em detalhes, gostaria de fazer algumas observações mais gerais. Ter uma parentalidade bem-sucedida requer muito trabalho árduo. Cuidar de um bebê ou de uma criança pequena é um trabalho de 24 horas por dia, sete dias por semana, sendo, muitas vezes, bastante preocupante. Mesmo quando a carga diminui um pouco à medida que as crianças crescem, ainda é necessário investir muito tempo e atenção para que elas possam florescer. Para muitas pessoas, hoje, essas verdades são desagradáveis. Dar tempo e atenção às crianças significa sacrificar outros interesses e outras atividades. No entanto, acredito que a evidência para o que estou afirmando seja incontestável. Estudo após estudo, incluindo os pioneiros, realizados em Chicago por Grinker (1962) e continuados por Offer (1969), demonstram que adolescentes e jovens adultos saudáveis, felizes e autônomos são fruto de lares estáveis, nos quais ambos os pais dedicam muito tempo e atenção às crianças.

Quero enfatizar, também, que, apesar das opiniões contrárias, cuidar de bebês e de crianças pequenas não é responsabilidade exclusiva de uma única pessoa. Se o trabalho deve ser bem feito e o cuidador principal da criança não deve ficar muito exausto, ele precisa de uma quantidade considerável de ajuda. A fonte dessa ajuda pode variar: muitas vezes, é o outro progenitor; em muitas sociedades, incluindo a nossa, é bastante comum receber ajuda de avós. Outras pessoas que podem ser solicitadas a ajudar são meninas adolescentes e mulheres jovens. Na maioria das sociedades ao redor do mundo, esses fatos foram, e ainda são, considerados como certos, e a sociedade é organizada de acordo com isso. Paradoxalmente, foi preciso que as sociedades mais ricas do mundo ignorassem esses fatos básicos. O poder do homem e da mulher dedicados à produção de bens materiais é valorizado em todos os nossos índices econômicos. O poder do homem e da mulher dedicados à criação de crianças felizes, saudáveis e autônomas em seus lares não é valorizado. Criamos um mundo turbulento.

No entanto, não quero entrar em argumentos políticos e econômicos complexos. Minha razão para levantar esses pontos é lembrá-los de que a sociedade em que vivemos não é apenas um produto recente em termos evolutivos, mas, em muitos aspectos, bastante peculiar. Há, consequentemente, o grande perigo de adotarmos normas equivocadas, pois, assim como uma sociedade com deficiência crônica de alimentos pode considerar uma nutrição inadequada como sua norma, uma sociedade em que os pais de crianças pequenas são deixados por conta própria, sem uma assistência adequada, pode adotar essa situação como sua norma.

Uma abordagem etológica

Eu disse anteriormente que minha abordagem para entender a parentalidade como atividade humana é etológica. Deixe-me explicar.

Ao reexaminar a natureza do vínculo entre a criança e sua mãe, tradicionalmente referido como dependência, tornou-se útil considerá-lo resultado de um conjunto distinto e, em parte, pré-programado de padrões de comportamento que, no ambiente expectável comum, se desenvolvem durante os primeiros meses de vida e têm o efeito de manter a criança mais ou menos próxima de sua figura materna (Bowlby, 1969). No final do primeiro ano, o comportamento está se organizando ciberneticamente, o que significa, entre outras coisas, que se torna ativo sempre que se obtém certas condições e cessa quando se obtém outras condições. Por exemplo, o comportamento de apego de uma criança é ativado sobretudo pela dor, pela fadiga e por qualquer coisa assustadora, bem como quando a mãe é ou parece ser inacessível. As condições que determinam o comportamento variam de acordo com a intensidade da reação emocional. Se for de baixa intensidade, a simples visão ou som da mãe pode ser eficaz para que a criança reconheça a sua presença. Se for mais intensa, pode exigir que a criança toque ou se agarre à mãe. Na intensidade mais alta, nada servirá a não ser um abraço prolongado. A função biológica desse comportamento é postulada como sendo proteção, sobretudo contra predadores.

No exemplo anterior, os indivíduos em questão são uma criança e sua mãe. No entanto, é evidente que o comportamento de apego não se limita de forma alguma às crianças. Embora menos frequentemente ativado, também o vemos em adolescentes e adultos de ambos os sexos quando estão ansiosos ou sob estresse. Portanto, não deve ser surpresa quando uma mulher grávida ou uma mãe cuidando de crianças pequenas tem um forte desejo de ela mesma ser cuidada e apoiada. A ativação do comportamento de apego nessas circunstâncias é provavelmente universal e deve ser considerada uma norma.*

Uma característica do comportamento de apego de maior importância clínica, presente independentemente da idade do indivíduo em questão, é a intensidade da emoção que o acompanha, sendo o tipo de emoção despertada dependente do estado da relação entre o indivíduo apegado e a figura de apego. Se a relação vai bem, há alegria e sensação de segurança. Quando ameaçada, há ciúme, ansiedade e raiva. Quando rompida, há tristeza e depressão. Por fim, há fortes evidências de que a forma como o comportamento de apego se organiza dentro de um indivíduo se transforma em alto grau nos tipos de experiência que ele tem em sua família de origem, ou, se ele tiver azar, fora dela.

Acredito que esse tipo de teoria apresente muitas vantagens em relação às teorias até então vigentes em nosso campo, pois não só traz a teoria em estreita relação com os dados observados, como fornece estrutura teórica compatível com a estrutura adotada em toda a biologia moderna e na neurofisiologia.

A parentalidade, acredito, pode ser abordada de forma útil a partir desse ponto de vista inspirado na etologia. Isso implica observar e descrever o conjunto de padrões de comportamento característicos da parentalidade, as condições que ativam e desativam cada um deles,

---

*O aumento do desejo de cuidado, seja do pai ou da mãe, tem sido relatado em estudos de grupos representativos de mulheres por Wenner (1966) e Ballou (1978).

como os padrões mudam à medida que a criança cresce, as diferentes maneiras pelas quais o comportamento parental se organiza em diferentes indivíduos e a infinidade de experiências que influenciam como ele se desenvolve em cada pessoa.

Implícita nessa abordagem está a suposição de que o comportamento parental, assim como o de apego, está em alguma medida pré-programado e, portanto, pronto para se desenvolver ao longo de certas linhas quando as condições o provocam. Isso significa que, no curso normal dos acontecimentos, os pais de um bebê experimentam um forte desejo de se comportar de certas maneiras típicas, como embalar o bebê, acalmá-lo quando ele chora e mantê-lo aquecido, protegido e alimentado. Tal ponto de vista, é claro, não implica que os padrões de comportamento adequados se manifestem completos em todos os detalhes desde o início. Claramente não é assim, seja nos seres humanos, seja em qualquer outra espécie de mamíferos. Todos os detalhes são aprendidos, alguns deles durante a interação com bebês e crianças, e muitos por meio da observação do comportamento de outros pais, começando desde a própria infância do futuro pai e a maneira como seus pais o trataram, assim como a seus irmãos.

Essa visão moderna do desenvolvimento comportamental contrasta fortemente com ambos os paradigmas mais antigos; um deles, baseado no conceito de instinto, superenfatizava o componente pré-programado, ao passo que o outro, reagindo contra o instinto, superenfatizava o componente aprendido. O comportamento parental em seres humanos certamente não é o produto de algum instinto parental invariável, assim como não é razoável considerá-lo meramente como o resultado da aprendizagem. O comportamento parental, a meu ver, tem fortes raízes biológicas, o que explica as emoções intensas associadas a ele; contudo, a forma detalhada que esse comportamento assume em cada um de nós é moldada por nossas experiências – durante a infância, especialmente, durante a adolescência, antes e durante o casamento, e experiências com cada criança individualmente.

Desse modo, considero útil olhar para o comportamento parental como exemplo de uma classe limitada de tipos de comportamento biologicamente enraizados, dos quais o comportamento de apego é outro exemplo, o comportamento sexual, outro, e o comportamento exploratório e o comportamento alimentar, ainda outros. Cada um desses tipos de comportamento contribui de maneira específica para a sobrevivência do indivíduo ou de sua prole. Cada um desempenha uma função vital, e por isso esses tipos de comportamento são, em alguma medida, pré-programados. Deixar seu desenvolvimento apenas aos caprichos da aprendizagem individual seria biologicamente insensato.

Você perceberá que, ao esboçar essa estrutura, estou enfatizando a distinção conceitual entre os referidos tipos de comportamento. Certamente, isso contrasta com a teoria tradicional da libido, que os considerava expressões variadas de um único impulso. Existem várias razões para manter essa distinção. Uma delas é que cada tipo de comportamento mencionado serve a uma função biológica distinta – proteção, reprodução, nutrição e conhecimento do ambiente. Outra é que muitos dos padrões detalhados de comportamento em cada tipo também são distintos: o apego a um dos pais é diferente de acalmar e confortar uma criança; a sucção ou a mastigação dos alimentos é diferente de se envolver em relações sexuais. Ainda, os fatores que influenciam o desenvolvimento de um tipo de comportamento não são necessariamente os mesmos que influenciam o desenvolvimento de outro. Ao mantê-los distintos, podemos estudar não apenas suas diferenças, como também as sobreposições e as interações entre eles – como tem sido evidente há muito tempo.

Início da interação mãe–bebê

Durante a última década, houve um avanço drástico em nossa compreensão das fases iniciais da interação mãe–bebê, graças à pesquisa inovadora realizada por estudiosos de ambos os lados do Atlântico. Os estudos de Klaus e Kennell são agora bem reconhecidos. De especial interesse aqui, são suas observações do comportamento das mães em relação aos recém-nascidos quando lhes é concedida total liberdade após o parto. Klaus, Trause e Kennell (1975) descrevem como uma mãe, logo após o nascimento do bebê, o pega e começa a acariciar seu rosto com as pontas dos dedos. Com isso, o bebê se acalma. Em seguida, ela passa a tocar sua cabeça e seu corpo com a palma da mão e, dentro de cinco ou seis minutos, é provável que ela o coloque em seu peito. O bebê responde com uma lambida prolongada no mamilo. "Imediatamente após o parto", observaram eles, "as mães pareciam estar em êxtase", e, curiosamente, os observadores também ficaram extasiados. A partir do momento do nascimento, a atenção concentra-se inteiramente no bebê. Algo tende a atrair não apenas a mãe e o pai, mas todos os presentes, ao recém-chegado. Dada a oportunidade, é provável que a mãe, nos dias seguintes, passe muitas horas apenas olhando para sua nova posse, abraçando-o e conhecendo-o. Normalmente, chega um momento em que ela sente que o bebê é seu. Para alguns, esse momento chega cedo, talvez quando ela o segura ou quando ele olha em seus olhos pela primeira vez. No entanto, para uma minoria significativa de primíparas que fazem o parto em hospital, esse momento muitas vezes pode levar até uma semana, até que elas estejam em casa novamente (Robson & Kumar, 1980).

Fenômenos de grande importância, que têm despertado interesse em pesquisas recentes, são o potencial do recém-nascido saudável em estabelecer uma forma elementar de interação social, bem como o potencial da mãe sensível em participar de maneira bem-sucedida desse processo.*

Quando uma mãe e seu bebê de 2 ou 3 semanas de vida estão frente a frente, ocorrem fases de interação social dinâmicas, alternadas

---

*Ver especialmente os trabalhos de Stern (1977), Sander (1977), Brazelton, Koslowski e Main (1974) e Schaffer (1977). Para excelentes críticas, consultar Schaffer (1979) e Stern (1985). O estado de sensibilidade aumentada que se desenvolve em uma mulher durante a gravidez, sobretudo no final, permitindo que ela "se adapte delicada e sensivelmente" às necessidades de seu bebê, é um processo para o qual Winnicott (1957) chamou a atenção.

com fases de desengajamento. Cada fase de interação tem início com uma saudação mútua e se desenvolve até um intercâmbio animado, envolvendo expressões faciais e vocalizações. Durante esse processo, a criança se volta para a mãe com movimentos entusiasmados de braços e pernas; gradualmente, suas atividades diminuem, terminando com o bebê desviando o olhar para outra fonte de encantamento, antes que a próxima fase de interação se inicie. Ao longo desses ciclos, é provável que o bebê seja tão ativo e espontâneo quanto sua mãe. A diferença entre eles está no momento de suas respostas. Enquanto a iniciação e a retirada de uma criança da interação tendem a seguir seu próprio ritmo autônomo, uma mãe sensível regula seu comportamento para sincronizar com o do bebê. Além disso, ela adapta a forma que seu comportamento assume para se adequar a ele: sua voz é suave, mas ligeiramente mais aguda do que o habitual, seus movimentos diminuem, e cada ação subsequente é ajustada em forma e tempo conforme o desempenho de seu bebê. Desse modo, ela permite que ele dite o ritmo e, por meio de uma habilidosa combinação de suas próprias respostas com as dele, cria um diálogo.

A rapidez e a eficiência com que esses diálogos se desenvolvem, bem como o prazer mútuo que eles proporcionam, apontam claramente para a pré-adaptação de cada participante em se envolver neles. De um lado, há a prontidão intuitiva da mãe em permitir que suas intervenções sejam acompanhadas por seu bebê. De outro, há a disponibilidade com que os ritmos do bebê mudam gradualmente para considerar o momento das intervenções de sua mãe. Em uma parceria em desenvolvimento feliz, cada um está se adaptando ao outro.

Sequências alternadas muito semelhantes foram registradas em outras trocas bastante diferentes entre mãe e filho. Por exemplo, Kaye (1977), ao observar o comportamento da mãe e do bebê durante a alimentação, descobriu que as mães tendem a interagir com seus bebês de forma precisa e sincronizada com o padrão de sucção e pausa do bebê. Durante a sucção, a mãe geralmente fica quieta e inativa; durante as pausas, ela acaricia e fala com o bebê. Outro exemplo de mãe que segue os sinais de seu bebê, nesse caso, em um intervalo entre 5 e 12 meses de vida, é relatado por Collis e Schaffer (1975). A mãe e seu bebê são apresentados a uma cena com uma série de grandes brinquedos coloridos, que rapidamente capturam a atenção visual deles. A observação de seu comportamento revela duas coisas. Primeiro, ambos os parceiros, em geral, estão olhando para o mesmo objeto e ao mesmo tempo. Segundo, a análise do tempo na observação mostra quase invariavelmente que é o bebê quem lidera e a mãe quem segue. O interesse espontâneo do bebê pelos brinquedos é monitorado de perto pela mãe, que quase de modo automático olha na mesma direção. Após estabelecerem um foco de interesse mútuo, é provável que a mãe o desenvolva, comentando sobre o brinquedo, nomeando-o e manipulando-o. "Assim, ocorre uma experiência compartilhada, com início a partir da atenção espontânea do bebê ao ambiente, mas estabelecida pela mãe, que se deixa levar pelo bebê".

Outro exemplo, também relatado por Schaffer, Colis e Parsons (1977), diz respeito ao intercâmbio vocal entre mãe e filho em um nível pré-verbal. Ao comparar dois grupos de crianças com idades entre 12 e 24 meses, foi constatado que a capacidade do par de se revezar e evitar sobreposições não era apenas surpreendentemente eficiente, mas também característica tanto dos bebês mais jovens quanto dos mais velhos. Assim, muito antes do aparecimento das palavras, o padrão de revezamento, tão característico da conversa humana, já está presente. Aqui, novamente, a evidência sugere que, ao garantir transições suaves de um "falante" para o outro, a mãe desempenha o papel principal.

Meu motivo para fornecer esses exemplos em algum momento é que acredito que eles ilustram alguns princípios básicos, tanto da paternidade quanto da natureza da criatura que é parentalizada. O que emerge desses estudos é que a mãe sensível comum está rapidamente sintonizada com os ritmos naturais do bebê e, ao atender aos detalhes de seu comportamento, descobre o que é adequado e age de acordo com isso. Ao fazer isso, ela não apenas o deixa contente, como também solicita sua cooperação. Inicialmente, a capacidade de adaptação do bebê pode ser limitada, mas não está completamente ausente e, se permitido crescer em seu próprio tempo, logo será recompensadora.

Ainsworth et al. observaram que os bebês cujas mães responderam com sensibilidade aos seus sinais durante o primeiro ano de vida não apenas choram menos durante a segunda metade desse ano do que os bebês de mães menos responsivas, mas estão mais dispostos a responder aos desejos de seus pais (Ainsworth et al., 1978). Podemos concluir com segurança que os bebês humanos, assim como os de outras espécies, são pré-programados para se desenvolver de forma socialmente cooperativa. Se eles o fazem ou não reflete, em grande medida, a maneira como são tratados.

Você notará que essa é uma visão da natureza humana radicalmente diferente daquela que tem sido corrente há muito tempo nas sociedades ocidentais e que permeou grande parte da teoria e prática clínica que herdamos. Isso aponta, é claro, para uma concepção radicalmente diferente do papel dos pais.

Papéis de mães e pais: semelhanças e diferenças

Nos exemplos dados até agora, o progenitor em questão tem sido a mãe. Isso é quase inevitável porque, para fins de pesquisa, é relativamente fácil recrutar amostras de bebês que estão sendo cuidados sobretudo por suas mães, enquanto os bebês que estão sendo cuidados principalmente por seus pais são comparativamente escassos. Permitam-me, portanto, descrever, de maneira breve, um dos vários estudos recentes que, em conjunto, contribuem de alguma forma para equilibrar o saldo.

Várias centenas de bebês já foram estudados por meio do procedimento de situação artificial criado por Ainsworth (Ainsworth et al., 1978), que dá a oportunidade de observar como a criança responde, primeiro na presença de seus pais, depois quando é deixada sozinha e, mais tarde, quando seu progenitor retorna. Como resultado dessas observações, os bebês podem ser classificados como apresentando um padrão de apego seguro à mãe ou uma das duas principais formas de apego inseguro. Uma vez que esses padrões demonstraram ter considerável estabilidade durante os primeiros anos de vida, pode-se prever como uma criança em idade pré-escolar, na faixa etária de 4 anos e meio a 6 anos, se aproximará de uma nova pessoa e enfrentará uma nova tarefa (Arend, Gove, & Sroufe, 1979). O valor do procedimento como método de avaliação do desenvolvimento social e emocional de uma criança não precisa ser enfatizado.

Até agora, quase todos os estudos que utilizaram esse procedimento observaram bebês com suas mães. Main e Weston (1981), no entanto, ampliaram o trabalho ao observar cerca de 60 bebês, primeiro com um dos pais e, seis meses depois, com o outro. Um achado foi que, quando observados como grupo, os padrões de apego mostrados aos pais se assemelhavam muito aos mostrados às mães, com aproximadamente a mesma distribuição percentual de padrões. No entanto, uma segunda descoberta foi ainda mais interessante. Quando os padrões mostrados por cada criança individualmente foram examinados, não foi encontrada correlação entre o padrão mostrado com um dos pais e o mostrado com o outro. Assim, uma criança pode ter um relacionamento seguro com a mãe, mas não com o pai; uma segunda criança pode tê-lo com o pai, mas não com a mãe; uma terceira pode tê-lo com ambos os pais; e uma quarta criança pode não o ter com nenhum dos dois. Em sua abordagem a novas pessoas e novas tarefas, as crianças representaram uma série graduada. Aquelas com relação segura com ambos os pais eram mais confiantes e competentes; as crianças que não tinham relação segura com nenhum deles eram as menos confiantes; e aquelas com uma relação segura com um dos pais, mas não com o outro, estavam entre ambas as classificações. Uma vez que há evidências de que o padrão de apego que uma criança desenvolve com sua mãe, se não houver danos no nascimento, é resultado de como a mãe a tratou (Ainsworth et al., 1978), é mais do que provável que, de maneira semelhante, o padrão que essa criança desenvolve com seu pai seja o resultado de como este a tratou. Esse estudo, juntamente a outros, sugere que, ao fornecer uma figura de apego para seu filho, um pai pode estar desempenhando um papel muito parecido com o de uma mãe; embora na maioria das culturas, talvez em todas, os pais desempenhem esse papel com muito menos frequência do que as mães, pelo menos quando os filhos ainda são jovens. Na maioria das famílias com crianças pequenas, o papel do pai é diferente. É mais provável que ele se envolva mais em brincadeiras fisicamente ativas e novas do que a mãe e, sobretudo para os meninos, torne-se o companheiro de brincadeiras preferido.*

Promovendo uma base segura

Isso me leva a uma característica central do meu conceito de parentalidade: a provisão, por ambos os pais, de uma base segura a partir da qual uma criança ou um adolescente pode fazer incursões no mundo exterior e para a qual ele pode retornar sabendo com certeza que será bem-vindo quando chegar lá, nutrido física e emocionalmente, confortado quando angustiado e tranquilizado quando assustado. Em essência, esse papel é o de estar disponível, pronto para responder quando chamado a encorajar e talvez ajudar, mas intervir de maneira ativa apenas quando claramente necessário. Nesses aspectos, é um papel semelhante ao do oficial que comanda uma base militar da qual uma força expedicionária parte e para a qual pode recuar em caso de revés. Na maioria das vezes, o papel da base é de espera, mas não deixa de ser vital, pois é somente quando o oficial que comanda a força expedicionária está confiante de que sua base está segura que ele se atreve a avançar e assumir riscos.

No caso de crianças e adolescentes, os vemos, à medida que envelhecem, aventurando-se cada vez mais longe da base e por períodos maiores. Quanto mais confiantes eles estão de que sua base é segu-

---

*Estudos de relevância são os de Lamb (1977), Parke (1979), Clarke-Stewart (1978) e Mackey (1979).

ra e, além disso, pronta para responder quando chamada, mais eles a consideram garantida. No entanto, se um ou outro dos pais adoecer ou morrer, o imenso significado da base para o equilíbrio emocional da criança, do adolescente ou do adulto jovem torna-se aparente. Nas palestras a seguir, são apresentadas evidências de estudos com adolescentes e adultos jovens, bem como de crianças em idade escolar, desde a pré-escola, de que aqueles que são mais estáveis emocionalmente e aproveitam ao máximo suas oportunidades são os que têm pais que, embora incentivem a autonomia de seus filhos, estão igualmente disponíveis e responsivos quando chamados. Infelizmente, é claro, o inverso também é verdadeiro.

Nenhum progenitor fornecerá uma base segura para seu filho em crescimento, a menos que ele tenha compreensão intuitiva e respeito pelo comportamento de apego de seu filho, tratando-o como uma parte intrínseca e valiosa da natureza humana, como acredito que seja. É aqui que o termo tradicional "dependência" exerceu uma influência tão terrível. A dependência sempre carrega uma conotação negativa e tende a ser considerada uma característica apenas dos primeiros anos, que deve ser superada rapidamente. Como resultado, nos círculos clínicos, muitas vezes aconteceu que, sempre que o comportamento de apego se manifestava durante os anos posteriores, não só era considerado lamentável, como também rotulado como regressivo. Acredito que isso seja um terrível erro de julgamento.

Ao discutir a parentalidade, foquei no papel dos pais de fornecer uma base segura para a criança, pois acredito que, embora bem reconhecida intuitivamente, até agora, essa questão tem sido conceituada de maneira inadequada. Mas há, é claro, muitos outros papéis que um progenitor tem de desempenhar. Um deles está relacionado à influência que os pais exercem sobre o comportamento de seus filhos, direcionando-os em determinada direção e utilizando variadas técnicas para isso. Apesar de algumas dessas técnicas serem necessariamente restritivas e outras terem intenção disciplinar, muitas delas são de natureza encorajadora, como chamar a atenção da criança para um brinquedo ou outro recurso do ambiente, ou fornecer dicas sobre como resolver um problema com o qual ela não consegue lidar sozinha. É evidente que o repertório de técnicas utilizadas pelos pais varia muito, desde aquelas amplamente úteis e encorajadoras até as amplamente restritivas e punitivas. Um estudo interessante que explorou a variedade de técnicas usadas pelos pais de crianças na Escócia foi realizado por Schaffer e Crook (1979).

Condições peri e pós-natais que ajudam ou dificultam

Até agora, nesta palestra, meu objetivo tem sido descrever algumas das maneiras pelas quais os pais de crianças que prosperam social e emocionalmente se comportam em relação a elas. Felizmente, muito desse comportamento vem de modo natural para muitas mães e pais que consideram as trocas com seus filhos agradáveis e gratificantes. No entanto, é evidente que, mesmo quando as condições sociais e econômicas são favoráveis, em algumas famílias, essas relações satisfatórias não se desenvolvem. Consideremos, portanto, o que sabemos sobre as condições psicológicas que as estimulam ou as impedem.

Em vários momentos, mencionei a mãe sensível comum que está sintonizada com as ações e os sinais de seu filho, que responde a eles de maneira mais ou menos adequada e, então, é capaz de monitorar os efeitos que seu comportamento tem sobre seu filho, modificando-o conforme necessário. A mesma descrição, sem dúvida, se aplicaria ao pai sensível comum. Contudo, está claro que, para que um progenitor se comporte dessa maneira, são necessários tempo adequado e uma atmosfera tranquila. É aqui que um progenitor, sobretudo a mãe, que muitas vezes suporta o peso da maternidade durante os primeiros meses ou anos, precisa de toda a ajuda possível – não para cuidar de seu bebê, que é sua responsabilidade, mas em todas as tarefas domésticas.

Uma base segura

Uma amiga minha, antropóloga social, observou que, na ilha do Mar do Sul, onde ela estava trabalhando, era costume que uma mãe, tanto durante quanto depois que o bebê nascesse, fosse atendida por duas mulheres da família que cuidariam dela durante todo o primeiro mês, deixando-a livre para cuidar de seu bebê. Minha amiga ficou tão impressionada com esses arranjos humanos que, quando seu próprio bebê nasceu na ilha, ela aceitou sugestões de que fosse cuidada de maneira "VIP", e ela não tinha motivos para se arrepender. Além da ajuda prática, uma companheira agradável provavelmente fornecerá à nova mãe apoio emocional ou, em minha terminologia, fornecerá a ela o tipo de base segura de que todos precisamos em condições de estresse, quando é difícil relaxar. Em quase todas as sociedades, um arranjo desse tipo é a regra. De fato, em todas, exceto em uma das 150 culturas estudadas por antropólogos, um membro da família ou um amigo, em geral uma mulher, permanece com a mãe durante o trabalho de parto e o nascimento (Raphael, 1966, citado por Sosa et al., 1980).

Voltando à nossa própria sociedade, conclusões preliminares que, se confirmadas, são de maior interesse e importância prática foram recentemente relatadas pela equipe de Klaus e Kennell, a partir de um estudo realizado em uma maternidade hospitalar na Guatemala (Sosa et al., 1980). Um grupo de mulheres passou por trabalho de parto de acordo com a prática rotineira da unidade, ou seja, a mulher foi deixada sozinha durante a maior parte do tempo. O outro grupo recebeu apoio amigável constante de uma mulher leiga e sem treinamento desde o momento da entrada na maternidade até o parto, sendo uma mulher durante o dia e outra à noite. No grupo de trabalho de parto apoiado, o tempo de trabalho foi menos da metade do tempo em comparação com o outro, sendo 8,7 horas contra 19,3.* Além disso, a mãe

---

*Em um estudo maior e mais aprofundado, também realizado na Guatemala e pelo mesmo grupo de pesquisa, todos os resultados foram replicados. As amostras totalizaram 279 no grupo de rotina e 186 no grupo apoiado. Não somente a duração do trabalho de parto foi reduzida pela metade, como também a incidência de complicações perinatais (Klaus et al., 1986).

permaneceu acordada durante a maior parte da primeira hora de vida do bebê, período em que era muito mais provável que ela fosse vista acariciando, sorrindo e conversando com o bebê.

Efeitos semelhantes na maneira como uma mãe trata seu bebê, como resultado do contato adicional logo após o nascimento, são agora bem conhecidos. Entre as diferenças observadas por Klaus e Kennell quando os bebês tinham 1 mês de vida, uma mãe que recebia contato adicional era mais propensa a confortar seu bebê durante visitas clínicas estressantes e, durante a alimentação, mostrava maior inclinação para acariciar o bebê e envolvê-lo em contato visual. Diferenças semelhantes foram observadas quando os bebês tinham 12 meses e, novamente, aos 2 anos. Nesses estudos, o aumento do contato não excedia uma hora adicional nas primeiras três horas após o nascimento, com cinco horas adicionais de contato a cada tarde nos três dias seguintes (Kennell et al., 1974; Ringler et al., 1975).*

Os resultados de outro estudo sobre o papel que esses tipos de experiências peri e pós-natais desempenham em ajudar a mãe a desenvolver um relacionamento amoroso e sensível com o bebê ou impedi-lo são relatados por Peterson e Mehl (1978). Em um estudo longitudinal com 46 mulheres e seus maridos, entrevistados e observados durante a gestação, o trabalho de parto e em quatro ocasiões durante os primeiros seis meses de vida dos bebês, foi identificado que a variável mais significativa que previu diferenças no vínculo materno foi o tempo em que a mãe esteve separada do bebê nas horas e nos dias após o nascimento. Outras variáveis que desempenharam um papel significativo, porém em menor grau, foram a experiência do parto e as atitudes e as expectativas expressas pela mãe durante a gravidez.

---

*Uma vez que estudos mais recentes, por exemplo, Svejda, Campos e Emde (1980), não conseguiram replicar os resultados iniciais dos efeitos do contato precoce mãe–bebê, a questão permanece em dúvida. Pode ser que, nessa área sensível, detalhes de como esse contato inicial é organizado e por quem explicariam as discrepâncias.

Influência das experiências de infância dos pais

Certamente, há muitas evidências clínicas de que o sentimento e o comportamento de uma mãe em relação ao bebê são profundamente influenciados por suas experiências pessoais anteriores, sobretudo as que ela teve e ainda pode estar tendo com seus próprios pais; e, embora a evidência disso em relação às atitudes de um pai seja menos abundante, as que existem apontam claramente para a mesma conclusão.

Nesse sentido, as evidências de estudos sistemáticos de crianças pequenas são impressionantes: mostram que a influência dos pais no padrão de cuidado que seus filhos desenvolvem começa muito cedo. Por exemplo, Zahn-Waxler, Radke-Yarrow e King (1979) descobriram não apenas que ajudar e confortar os outros em situações de perigo é um padrão de comportamento comumente desenvolvido já no segundo ano de vida de uma criança, como também que a forma que ela assume é muito influenciada pela forma como a mãe trata seu filho. As crianças cujas mães respondem com sensibilidade aos seus sinais e proporcionam contato corporal reconfortante são aquelas que respondem mais pronta e apropriadamente à angústia dos outros.* Além disso, muitas vezes o que uma criança faz em tais circunstâncias é uma clara réplica do que ela viu e/ou experimentou sua mãe fazer. O acompanhamento de um grupo de crianças que apresentasse essas diferenças iniciais seria de maior interesse.

Outra linha de evidência sobre a influência da experiência infantil sobre como uma mulher cuida de seu filho vem de estudos realizados em Londres. Por exemplo, um estudo de Frommer e O'Shea (1973) mostrou que as mulheres que, durante a gravidez, relatam ter sido se-

---

*O papel do contato físico próximo com a mãe durante a infância humana tem sido estudado principalmente por Ainsworth, que descobriu que as crianças que desenvolvem apego seguro à mãe são as que, durante a primeira infância, são mantidas por mais tempo de maneira terna e amorosa (Ainsworth et al., 1978).

paradas de um ou ambos os pais antes dos 11 anos são especialmente propensas a ter dificuldades conjugais e psicológicas após o nascimento do bebê, bem como a ter problemas com a alimentação e o sono deste. Outro estudo, também em Londres, de Wolkind, Hall e Pawlby (1977), estende essa descoberta ao mostrar que as mulheres com esse tipo de história infantil interagem significativamente menos com seus filhos primogênitos de 5 meses do que as que tiveram infâncias mais estabelecidas. Essas observações, realizadas por um etólogo, se estenderam por um período suficientemente longo para registrar 50 minutos da vida desperta do bebê, excluindo o tempo gasto para alimentá-lo; isso geralmente exigia que o observador permanecesse a manhã inteira com o bebê. As mães de uma família de origem desestruturada não apenas passavam, em média, o dobro do tempo que as outras mães longe de seus bebês, mas, mesmo quando uma delas estava com seu bebê, era mais provável que passasse menos tempo segurando-o, menos tempo olhando-o e menos tempo falando com ele. Além disso, quando era feita a pergunta: "Leva um certo tempo para começarmos a enxergar um bebê como uma pessoa – você já sente isso?", as mães de uma família de origem desestruturada eram muito menos propensas a dizer que sim (Hall, Pawlby, & Wolkind, 1979). O ponto que desejo enfatizar é que o estudo fornece evidências firmes de que as mulheres cuja infância foi desestruturada tendem a interagir menos com seus bebês do que as mães com infâncias mais felizes – em um período da vida do bebê no qual a quantidade de interação que se segue é determinada quase inteiramente pela mãe.

Algumas das evidências mais claras sobre o enorme papel desempenhado pela experiência na infância em determinar, nos anos posteriores, como o progenitor trata a criança vêm de estudos envolvendo pais conhecidos por terem abusado fisicamente de seus filhos (Parke & Collmer, 1979). Um padrão comum inclui uma infância em que o cuidado parental era, na melhor das hipóteses, errático e, na pior delas, completamente ausente, com críticas e culpa frequentes e amargas, além de pais, mães, padrastos e madrastas que se comportavam violentamente entre si e, às vezes, com as crianças. Uma característica que surge de um estudo de DeLozier sobre mães conhecidas por terem abusado fisicamente de uma criança (um estudo descrito em detalhes na palestra 5) é a alta proporção delas que viveram constantemente com medo de serem abandonadas por um ou ambos os pais e, como consequência, serem enviadas para um lar ou uma instituição adotiva, além de terem sido muitas vezes ameaçadas com espancamentos ou algo pior. Não é de surpreender que essas mulheres tenham crescido para serem perpetuamente ansiosas e preocupadas em serem abandonadas pelo marido ou pelo namorado, considerando a violência física como parte da ordem natural e esperando pouco ou nada em termos de amor ou apoio de qualquer tipo.

No entanto, nem toda mulher com experiências de infância desse tipo agride seu filho, e uma mulher que abusa fisicamente de um de seus filhos não necessariamente abusa dos outros. O que explica essas diferenças? As evidências sugerem que indivíduos que, devido a experiências anteriores, são marcadamente propensos a desenvolver atitudes parentais desfavoráveis são geralmente mais sensíveis ao que acontece com eles durante e após o nascimento dos bebês. Parece que, para essas mulheres, experiências adversas durante esse período podem ser a gota d'água.

Em um estudo feito em Oxford, por exemplo, Lynch (1975) comparou as histórias de 25 crianças que haviam sido abusadas fisicamente com as de seus irmãos que haviam escapado. As crianças que sofreram abuso eram significativamente mais propensas do que seus irmãos a terem sido o produto de uma gravidez ou parto anormal, a terem sido separadas de suas mães por 48 horas ou mais logo após o nascimento e a terem enfrentado separações de outros tipos durante os primeiros 6 meses de vida. Durante o primeiro ano de vida, as crianças abusadas apresentavam maior propensão a estar doentes do que os irmãos não abusados; e as mães também eram mais propensas a terem adoecido durante o primeiro ano de idade da criança que foi abusada do que durante o primeiro ano dos irmãos. Uma vez que, nesse estudo, as personalidades e as histórias de infância dos pais eram as mesmas para os irmãos abusados e para os não abusados, o destino de cada um parece ter se voltado, em grande parte, para as experiências da mãe com a criança nos períodos peri e pós-natal precoce. Os resultados de um estudo de Cater e Easton (1980) apontam para a mesma conclusão.*

Dos muitos outros modelos de desregulação de parentalidade que podem ser parcialmente rastreados à experiência da infância, há um que também está bem documentado em estudos de mães abusivas (p. ex., Morris & Gould, 1963; Steele & Pollock, 1968; Green, Gaines, & Sandgrun, 1974; DeLozier, 1982). Essas mães tendem a esperar e exigir cuidado e atenção de seus próprios filhos; ou seja, invertendo o relacionamento. Durante a entrevista, elas descrevem regularmente como, quando crianças, também se sentiram responsáveis por cuidar de seus pais, em vez de os pais cuidarem delas.

Muitos pais – talvez todos – que esperam que seus filhos cuidem deles experimentaram uma parentalidade muito inadequada. Infelizmente, muitas vezes, eles causam grandes problemas psicológicos para seus filhos. Em outro lugar (Bowlby, 1973, 1980), argumentei que uma relação invertida entre pais e filhos desse tipo está por trás de uma proporção significativa de casos de recusa a frequentar a escola (fobia escolar) e agorafobia, bem como, provavelmente, de depressão.

Como podemos ajudar da melhor forma

Nesta contribuição, dei atenção principalmente ao que sabemos sobre parentalidade bem-sucedida e a algumas das variáveis que tornam mais fácil ou mais difícil para adultos jovens se tornarem pais sensíveis e atenciosos. Em consequência, pude dizer apenas um pouco sobre os muitos e variados padrões de parentalidade deficiente e dis-

---

*Na interpretação dos resultados desses dois estudos, é necessária cautela, pois em nenhum deles é certo que em todos os casos a mãe da criança sempre foi o genitor abusivo.

torcida que encontramos clinicamente. Outro grande tema omitido é a melhor forma de ajudar homens e mulheres jovens a se tornarem os pais bem-sucedidos que acredito que a grande maioria deseja ser. Em conclusão, portanto, deixe-me declarar quais acredito serem os princípios para tal trabalho – que procuramos sempre ensinar pelo exemplo, não pelo preceito, e pela discussão, não pela instrução. Quanto mais oportunidades dermos aos jovens de conhecer e observar em *primeira mão* como os pais sensíveis e atenciosos tratam seus filhos, maior será a probabilidade de eles seguirem o exemplo. Acredito que aprender diretamente com esses pais sobre as dificuldades que encontram e as recompensas que obtêm e discutir com eles tanto seus erros quanto seus acertos valem centenas de palestras instrutivas. Para um programa desse tipo, que, em alguns lugares, pode ser uma extensão dos grupos de autoajuda das mães que agora começam a florescer, precisaríamos contar com a cooperação ativa de pais sensíveis e atenciosos. Felizmente, ainda existem muitos deles em nossa sociedade, e acredito que muitos estariam dispostos e orgulhosos de ajudar.

2
As origens da teoria do apego

Na primavera de 1981, a American Orthopsychiatric Association me convidou para ir a Nova York para receber o prêmio Fourth Blanche Ittleson Award e para falar aos seus membros sobre a história do meu trabalho no campo do apego e da perda. Depois de agradecer pela honra que estavam me prestando, também aproveitei a oportunidade para expressar minha profunda gratidão às três fundações americanas, a Josiah Macy Junior, a Ford e a Foundations Fund for Research in Psychiatry, que apoiaram nosso trabalho na Clínica Tavistock durante a década crítica a partir de 1953.

Após a reunião, o editor da revista da Associação pediu-me para expandir minhas observações, relatando o que sabíamos na época, no campo que venho explorando, como chegamos a esse conhecimento e as direções que pesquisas futuras deveriam seguir. Em resposta, expliquei que não estava em posição de ser um historiador objetivo em um campo que foi controverso por muito tempo e que tudo o que eu poderia tentar era descrever a história como eu a lembrava e apontar alguns dos estudos empíricos e ideias teóricas que foram influentes para moldá-lo. Meus preconceitos pessoais, expliquei, seriam inevitavelmente evidentes em todos os lugares.

Durante as décadas de 1930 e 1940, vários clínicos de ambos os lados do Atlântico, a maioria trabalhando de maneira independente uns dos outros, faziam observações dos efeitos nocivos sobre o desenvolvimento da personalidade de cuidados institucionais prolongados e/ou das mudanças frequentes de figura materna durante os primeiros anos de vida. A isso, seguiram-se publicações influentes. Listando autores em ordem alfabética de sobrenome, estes incluem: Lauretta Bender (Bender & Yarnell, 1941; Bender, 1947), John Bowlby (1940, 1944), Dorothy Burlingham e Anna Freud (1942, 1944), William Goldfarb (1943 a, b e c, e seis outros artigos, resumidos em 1955), David Levy (1937) e René Spitz (1945, 1946). Como cada um dos autores era um analista qualificado (exceto Goldfarb, que fez formação mais tarde), não é surpresa que as descobertas tenham causado certo alvoroço fora dos círculos analíticos.

Nesse ponto, no final de 1949, um jovem e criativo psiquiatra britânico, de orientação analítica e recentemente nomeado Chefe da Seção da Saúde Mental da Organização Mundial da Saúde (OMS), interveio. Solicitado a contribuir para um estudo das Nações Unidas sobre as necessidades de crianças desabrigadas, Ronald Hargreaves* decidiu nomear um consultor por um curto prazo para relatar os aspectos de saúde mental do problema e, sabendo do meu interesse no campo, convidou-me para realizar a tarefa. Para mim, foi uma oportunidade de ouro. Depois de cinco anos como psiquiatra do exército, eu havia retornado à psiquiatria infantil determinado a explorar ainda mais os problemas nos quais comecei a trabalhar antes da Guerra. Já havia

---

*A morte prematura de Ronald Hargreaves, em 1962, quando era professor de psiquiatria em Leeds, foi uma grande perda para a psiquiatria preventiva.

nomeado como meu primeiro assistente de pesquisa James Robertson, um assistente social psiquiátrico recém-qualificado que havia trabalhado com Anna Freud em Hampstead Nurseries durante a Guerra.

Os seis meses que passei com a OMS, em 1950, oportunizaram-me não só ler a literatura e discuti-la com os autores, como também conhecer muitas outras pessoas na Europa e nos Estados Unidos com experiência na área. Logo após o término do meu contrato, apresentei meu relatório, publicado no início de 1951 como um artigo da OMS intitulado Maternal care and mental health (Cuidados maternos e saúde mental). Nele, revisei as evidências disponíveis, que estavam longe de serem insignificantes, sobre as influências adversas no desenvolvimento da personalidade decorrentes de cuidados maternos inadequados durante a primeira infância. Chamei a atenção para o sofrimento agudo de crianças pequenas que estão separadas daqueles que conhecem e amam, e fiz recomendações sobre a melhor forma de se evitar, ou pelo menos mitigar, os efeitos nocivos em curto e longo prazos. Nos anos seguintes, esse relatório foi traduzido para uma dúzia de outras línguas, bem como foi publicado em uma edição resumida, em inglês.

Por mais influente que a palavra escrita possa ser, ela não se compara ao impacto emocional de um filme. Ao longo da década de 1950, os primeiros filmes de René Spitz, Grief: A Peril in Infancy (O sofrimento: um perigo na infância; 1947), e A Two-Year-Old Goes to Hospital (Uma criança de dois anos vai para o hospital; 1952), de James Robertson, juntos, tiveram enorme influência. Eles não só atraíram a atenção dos trabalhadores profissionais para a angústia e a ansiedade imediatas das crianças pequenas em um ambiente institucional, como também se mostraram instrumentos poderosos para promover mudanças na prática. Nesse campo, Robertson desempenhou um papel de liderança (p. ex., Robertson, 1958, 1970).

Embora, no final da década de 1950, um grande número de profissionais que trabalhavam em psiquiatria, em psicologia infantil e em serviço social, e alguns também das áreas de pediatria e enfermagem infantil, tivesse aceitado os resultados da pesquisa e estivesse implementando mudanças, a forte controvérsia despertada pelas primeiras publicações e pelos filmes continuou. Médicos psiquiatras treinados em psiquiatria tradicional e psicólogos que adotaram uma abordagem de teoria da aprendizagem nunca deixaram de apontar as deficiências da evidência e a falta de uma explicação adequada de como os tipos de experiência implicados poderiam ter os efeitos reivindicados no desenvolvimento da personalidade. Além disso, muitos psicanalistas, sobretudo aqueles cuja teoria se concentrava no papel da fantasia na psicopatologia, com a relativa exclusão da influência dos eventos da vida real, permaneceram não convencidos e, às vezes, muito críticos. Enquanto isso, a pesquisa continuava. Por exemplo, em Yale, Sally Provence e Rose Lipton estavam conduzindo um estudo sistemático de bebês institucionalizados, comparando seu desenvolvimento com o de bebês que viviam em uma família (Provence & Lipton, 1962). No Tavistock, os membros do meu pequeno grupo de pesquisa estavam coletando ativamente mais dados sobre os efeitos em curto prazo em uma criança pequena de estar sob os cuidados de pessoas estranhas, em um lugar estranho, por semanas e, às vezes, meses seguidos (ver especialmente os estudos de Christoph Heinicke, 1956, e com Ilse Westheimer, 1966), enquanto eu abordava os problemas teóricos levantados pelos nossos dados.

Enquanto isso, o campo estava mudando. Uma influência importante foi a publicação, em 1963, pela OMS, de uma coletânea de artigos em que os múltiplos efeitos dos vários tipos de experiência abrangidos pelo termo "privação de cuidados maternos" foram reavaliados. Dos seis artigos, o mais abrangente certamente foi o de minha colega Mary Ainsworth (1962). Nele, ela não apenas revisou as extensas e diversas evidências e considerou as muitas questões que deram origem a controvérsias, mas também identificou um grande número de problemas que exigiam mais pesquisas.

Uma segunda influência importante foi a publicação, no final da década de 1950, dos estudos de Harry Harlow sobre os efeitos da privação materna em macacos *rhesus*; e, mais uma vez, o cinema desempenhou um papel importante. O trabalho de Harlow nos Estados Unidos foi estimulado pelos relatórios de Spitz. No Reino Unido, estudos complementares de Robert Hinde foram encorajados pelo nosso trabalho em

Tavistock. Na década seguinte, um fluxo de resultados experimentais desses dois cientistas (ver resumos em Harlow & Harlow, 1965, e Hinde & Spencer-Booth, 1971) veio após a revisão de Ainsworth, que minou a oposição. Depois disso, nada mais se ouviu falar da implausibilidade inerente às nossas hipóteses, e a crítica tornou-se mais construtiva.

Obviamente, muito permaneceu incerto. Mesmo que a realidade da angústia de curto prazo e da perturbação comportamental seja admitida, que evidência existe, perguntava-se, de que os efeitos podem persistir? Quais características da experiência, ou combinação de características, são responsáveis pela angústia? Se for verdade que, em alguns casos, os efeitos nocivos persistem, como isso deve ser explicado? Como é possível que algumas crianças aparentemente passem por experiências muito desfavoráveis relativamente ilesas? Quão importante é que uma criança seja cuidada na maior parte do tempo por um cuidador principal? Em sociedades menos desenvolvidas, afirmava-se (erroneamente, como se vê) que a maternidade múltipla não é incomum. Além de todas essas questões legítimas, houve mal-entendidos. Alguns supunham que os defensores da visão de que uma criança deveria ser cuidada na maior parte do tempo por uma figura materna principal afirmavam que esta tinha que ser a mãe natural da criança – a chamada teoria do laço de sangue. Outros supunham que, ao defender que uma criança deveria "experimentar um relacionamento íntimo e contínuo com sua mãe (ou mãe-substituta permanente)", os proponentes estavam prescrevendo um regime no qual uma mãe tinha que cuidar de seu filho 24 horas por dia, todos os dias, sem trégua. Em um campo em que fortes sentimentos são despertados e quase todo mundo tem algum tipo de interesse adquirido, o pensamento claro e imparcial nem sempre é fácil.

Um novo olhar sobre a teoria

A monografia *Cuidados maternos e saúde mental* está dividida em duas partes. A primeira revisa as evidências sobre os efeitos adversos da privação materna, ao passo que a segunda discute os meios para preveni-la. O que faltava, como apontaram vários revisores, era qualquer explicação de como as experiências incluídas sob o amplo título de privação materna poderiam ter efeitos no desenvolvimento da personalidade dos tipos reivindicados. A razão para essa omissão era simples: os dados não eram sustentados por nenhuma teoria corrente, e, no breve tempo do meu emprego na OMS, não havia possibilidade de desenvolver uma nova.

O laço da criança com a mãe

Naquela época, era amplamente aceito que a razão pela qual uma criança desenvolve um vínculo estreito com a mãe é porque ela a alimenta. Sendo assim, eram postulados dois tipos de impulso: primário e secundário, sendo a comida considerada um impulso primário, e a relação pessoal, referida como "dependência", um impulso secundário. No entanto, essa teoria não parecia se encaixar nos fatos. Por exemplo, se fosse verdade, uma criança de 1 ou 2 anos deveria responder prontamente à pessoa que a alimenta, e isso claramente não era o caso. Uma teoria alternativa, originada na escola húngara de psicanálise, propôs uma relação de objeto primitiva desde o início. No entanto, em sua versão mais conhecida, defendida por Melanie Klein, o peito da mãe é postulado como o primeiro objeto, e a maior ênfase é colocada na alimentação, na oralidade e na natureza infantil da "dependência". Nenhuma dessas características correspondia à minha experiência com crianças.

Contudo, se as atuais teorias de dependência eram inadequadas, qual seria a alternativa?

No verão de 1951, um amigo mencionou o trabalho de Lorenz sobre o hábito de filhotes de patos e gansos de seguirem suas mães. Ao ler sobre isso, bem como trabalhos relacionados sobre comportamento instintivo, revelou-se um novo mundo, no qual cientistas de renome estavam investigando em espécies não humanas muitos dos problemas com os quais estávamos lidando no ser humano, em especial as relações relativamente duradouras que se desenvolvem em muitas espécies, primeiro entre filhotes e pais, e, mais tarde, entre pares acasalados, e como esses desenvolvimentos podem dar errado. Perguntei-me se esse trabalho poderia lançar luz sobre um problema central para a psicanálise, o do "instinto" nos seres humanos.

Em seguida, iniciei uma longa fase em que me esforcei para compreender os princípios básicos e aplicá-los aos nossos problemas, começando pela natureza do vínculo entre a criança e a mãe. Nesse sentido, o trabalho de Lorenz sobre o hábito de filhotes de patos e gansos de seguirem suas mães (Lorenz, 1935) foi especialmente interessante, pois mostrou que, em algumas espécies animais, um forte vínculo individual com uma figura materna podia se desenvolver sem a necessidade da alimentação direta, uma vez que essas aves jovens *não são alimentadas pelos pais*, mas se alimentam capturando insetos. Essa descoberta apresentava um modelo alternativo ao tradicional, com uma série de características que pareciam se adequar ao caso humano. Posteriormente, à medida que minha compreensão dos princípios etológicos aumentava e eu os aplicava a diferentes problemas clínicos, fiquei cada vez mais confiante de que essa era uma abordagem promissora. Assim, tendo adotado esse novo ponto de vista, decidi "acompanhá-lo a partir do material, desde que a aplicação dele pareça produzir resultados" (para tomar emprestada uma frase de Freud).

De 1957, quando *The Nature of the Child's Tie to his Mother* (A natureza do laço da criança à sua mãe) foi apresentado pela primeira vez, a 1969, quando *Apego* apareceu, e até 1980, com a publicação de *Perda*, concentrei-me nessa tarefa. A estrutura conceitual resultante* foi projetada para abranger todos os fenômenos para os quais Freud chamou a atenção – por exemplo, relações amorosas, ansiedade de separação, luto, defesa, raiva, culpa, depressão, trauma, desapego emocional e períodos sensíveis no início da vida – e, assim, oferecer uma alternativa à

---

*Este é o termo que Thomas Kuhn (1974) usa agora para substituir "paradigma", o utilizado por ele em seu trabalho anterior (Kuhn, 1962).

metapsicologia tradicional da psicanálise e adicionar ainda outra às muitas variantes da teoria clínica agora existentes. Quão bem-sucedidos esses ideais são só o tempo dirá.

Como Kuhn ressaltou, qualquer nova estrutura conceitual é difícil de compreender, sobretudo para aqueles que estão muito familiarizados com uma estrutura anterior. Entre as várias dificuldades encontradas na compreensão dessa estrutura defendida, menciono apenas algumas. Uma delas é que, em vez de começar com uma síndrome clínica de anos posteriores e tentar traçar retrospectivamente suas origens, comecei com uma aula sobre traumas de infância e tentei traçar as sequelas de modo prospectivo. Outra dificuldade é que, em vez de começar com os pensamentos e os sentimentos privados de um paciente, expressos por meio de associações livres ou brincadeiras, e tentar construir uma teoria do desenvolvimento da personalidade com base nesses dados, comecei com observações do comportamento de crianças em certos tipos de situações definidas, incluindo registros de sentimentos e pensamentos que expressam, e tentei construir uma teoria do desenvolvimento da personalidade a partir disso. Outras dificuldades surgiram do meu uso de conceitos, como sistema de controle (em vez de energia psíquica) e percurso desenvolvimental (em vez de fase libidinal), que, embora agora amplamente estabelecidos como conceitos-chave em todas as ciências biológicas, ainda são estranhos ao pensamento de muitos psicólogos e clínicos.

Tendo descartado a teoria do impulso secundário, a teoria da dependência do vínculo entre a criança e a mãe, bem como a alternativa kleiniana, a primeira tarefa foi formular uma substituição. Isso levou ao conceito de comportamento de apego com sua própria dinâmica, distinta do comportamento e da dinâmica da alimentação ou do sexo, que por muito tempo foram considerados as motivações humanas mais fundamentais. Um forte apoio nessa etapa veio da descoberta de Harlow de que, em outra espécie de primata (macacos *rhesus*), os filhotes mostram preferência marcante por uma "mãe" representada por uma boneca macia, que não fornece comida, a uma mãe de material rígido que a fornece (Harlow & Zimmermann, 1959).

O comportamento de apego é qualquer forma de comportamento que resulta em uma pessoa alcançar ou manter proximidade com outro indivíduo claramente identificado que é concebido como mais capaz de lidar com o mundo. É mais evidente quando a pessoa está assustada, cansada ou doente e encontra conforto e cuidado. Em outras ocasiões, o comportamento pode ser menos evidente. No entanto, saber que uma figura de apego está disponível e responsiva proporciona uma sensação de segurança forte e generalizada, incentivando a valorização e a continuação do relacionamento. Embora o comportamento de apego seja mais evidente na primeira infância, pode ser observado ao longo do ciclo de vida, sobretudo em situações de emergência. Sendo observado em praticamente todos os seres humanos (embora em padrões variados), o comportamento de apego é considerado parte integrante da natureza humana, compartilhada em graus variados com membros de outras espécies. Sua função biológica associada é a proteção. Permanecer ao alcance de um indivíduo familiar conhecido por estar pronto e disposto a ajudar em uma emergência é claramente como ter um bom seguro, independentemente da idade que se tenha.

Ao conceituar o apego dessa maneira, como forma fundamental de comportamento com sua própria motivação interna distinta da alimentação e do sexo, e de igual importância para a sobrevivência, o comportamento e a motivação recebem um *status* teórico nunca antes atribuído a eles, embora pais e profissionais da área médica há muito tempo estejam intuitivamente cientes de sua importância. Como já enfatizado, os termos "dependência" e "necessidade de dependência", que até agora foram utilizados para se referir a eles, apresentam sérias desvantagens. Em primeiro lugar, "dependência" tem uma conotação pejorativa; em segundo lugar, não implica uma relação emocionalmente significativa com um ou poucos indivíduos claramente preferidos; e, em terceiro lugar, nunca foi atribuída a ela uma função biológica valiosa.

Já se passaram 30 anos desde que a noção de apego foi utilizada pela primeira vez como um modo útil de conceituar um tipo de comportamento de importância central não apenas para médicos e psicólogos do desenvolvimento, como também para todos os pais. Durante esse tempo, a teoria do apego foi consideravelmente esclarecida e amplificada. Os colaboradores mais notáveis foram Robert Hinde, que, além de suas próprias publicações (p. ex., 1974), tem constantemente influenciado meu próprio pensamento, e Mary Ainsworth, que, no final da década de 1950, pioneiramente conduziu estudos empíricos sobre o comportamento de apego, tanto na África (1963, 1967) quanto nos Estados Unidos (Ainsworth & Wittig, 1969; Ainsworth et al., 1978), bem como desempenhou um papel fundamental no desenvolvimento da teoria (p. ex., 1969, 1982). Seu trabalho, juntamente ao de seus alunos e outros influenciados por ela (que aumentaram drasticamente desde que esta palestra foi dada, como descrito em detalhes na Palestra 7), levou a teoria do apego a ser amplamente considerada como provavelmente a teoria do desenvolvimento socioemocional mais bem apoiada de modo empírico até o momento (Rajecki, Lamb, & Obmascher, 1978; Rutter, 1980; Parkes & Stevenson-Hinde, 1982; Sroufe, 1986).

Como meu ponto de partida no desenvolvimento da teoria foi a observação do comportamento, alguns clínicos assumiram erroneamente que minha teoria não passa de uma versão do behaviorismo. Esse equívoco se deve, em grande parte, à falta de familiaridade com a estrutura conceitual proposta e, em parte, à minha própria falha inicial em deixar clara a distinção entre apego e comportamento de apego. Descrever uma criança (ou pessoa mais velha) como tendo apego a alguém significa que ela está fortemente disposta a buscar proximidade e contato com essa pessoa, sobretudo em certas condições específicas. Essa disposição comportamental é uma característica da pessoa apegada, um atributo persistente que muda apenas lentamente ao longo do tempo e que não é afetado por circunstâncias momentâneas. Em contrapartida, o comportamento de apego refere-se a várias formas de comportamento nas quais a pessoa se envolve periodicamente, para obter e/ou manter a proximidade desejada.

Há evidências abundantes de que quase todas as crianças, de maneira habitual, preferem uma pessoa, geralmente sua figura materna, quando estão angustiadas; no entanto, na ausência de tal figura, elas podem se contentar com outra pessoa, de preferência alguém com quem estejam familiarizadas. Nessas ocasiões, a maioria das crianças apresenta uma clara hierarquia de preferências, de modo que, em último caso e sem outras opções disponíveis, pode buscar proximidade até mesmo com um estranho amigável. Sendo assim, embora o comportamento de apego possa ser direcionado a diferentes indivíduos, em circunstâncias diversas, um apego duradouro, ou vínculo de apego, é restrito a um número muito pequeno de pessoas. Se uma criança não exibir uma clara distinção nesse sentido, é provável que ela esteja gravemente perturbada.

A teoria do apego busca explicar tanto o comportamento de apego, com sua natureza episódica e desaparecimentos, quanto os vínculos duradouros que crianças e outros indivíduos estabelecem com determinadas pessoas. Nessa teoria, o conceito-chave é o de sistema comportamental. Isso é concebido como analogia a um sistema fisiológico organizado homeostaticamente, que visa a manter uma medida fisiológica, como a temperatura corporal ou a pressão arterial, dentro de limites adequados. Ao propor o conceito de um sistema comportamental para explicar como uma criança ou uma pessoa mais velha mantém a relação com sua figura de apego dentro de certos limites de distância ou acessibilidade, estamos simplesmente aplicando esses princípios bem compreendidos para explicar uma forma diferente de homeostase. Nessa forma, os limites estabelecidos referem-se à relação do organismo com pessoas claramente identificadas no ambiente ou a outras características deste, e esses limites são mantidos por meios comportamentais, em vez de fisiológicos.

Ao postular a existência de uma organização psicológica interna com características altamente específicas, incluindo modelos representacionais do eu e das figuras de apego, a teoria proposta pode ser vista como tendo todas as mesmas propriedades básicas que caracterizam outras formas de teoria estrutural, como as variantes da psicanálise, por exemplo, que se distinguem claramente do behaviorismo em suas várias formas. Historicamente, a teoria do apego foi desenvolvida como uma variante da teoria das relações de objeto.

A razão pela qual dediquei tanto tempo ao conceito e à teoria do apego é que, uma vez que esses princípios são compreendidos, há pouca dificuldade em entender como os diversos outros fenômenos de interesse central para os clínicos são explicados dentro da estrutura proposta.

Ansiedade de separação

Por exemplo, lança-se uma nova luz sobre o problema da ansiedade de separação, que se refere à ansiedade de perder ou se separar de alguém amado. A razão pela qual a "mera separação" causa ansiedade tem sido um mistério. Freud e outros analistas importantes exploraram esse problema, apresentando várias hipóteses (Freud, 1926; Strachey, 1959). No entanto, sem meios adequados para avaliá-las, diversas escolas de pensamento divergentes proliferaram.

O problema, acredito, reside em uma suposição não examinada, compartilhada não apenas por psicanalistas, mas também por psiquiatras mais tradicionais, de que o medo só é despertado em uma pessoa emocionalmente saudável em situações intrinsecamente dolorosas ou perigosas, ou que são percebidas como tal apenas em virtude de condicionamento. Como o medo da separação e da perda não se enquadra nessa fórmula, os analistas concluíram que o objeto do medo é, na verdade, outra situação, de modo que uma ampla variedade de hipóteses foram formuladas.

As dificuldades desaparecem, no entanto, quando adotamos uma abordagem etológica. Torna-se evidente que o ser humano, bem como outros animais, responde a certas situações com medo não porque estas representam *alto risco* de dor ou perigo, mas porque indicam *aumento do risco*. Assim como muitas espécies de animais, incluindo os seres humanos, estão predispostas a responder com medo a movimentos bruscos ou a mudanças abruptas no nível de som ou na luz, uma vez que isso tem valor para a sobrevivência, também muitas espécies, incluindo o homem, estão dispostas a responder à separação de uma figura potencialmente cuidadora e pelas mesmas razões.

Quando vemos a ansiedade de separação sob essa perspectiva, como uma disposição humana básica, é fácil começar a entender por que ameaças de abandonar uma criança, muitas vezes usadas como meio disciplinar, são tão aterrorizantes. Agora, sabemos que tais ameaças, assim como ameaças de suicídio por parte de um dos pais, são causas comuns de intensificação da ansiedade de separação. A notável negligência dessas ameaças na teoria clínica tradicional, suspeito, não se deve apenas a uma compreensão inadequada da ansiedade de separação, mas também à negligência dos poderosos efeitos dos eventos da vida real em todas as idades.

As ameaças de abandono não apenas geram uma ansiedade intensa, como também desencadeiam raiva, muitas vezes de intensidade significativa, sobretudo em crianças mais velhas e adolescentes. Essa raiva, cuja função é dissuadir a figura de apego de seguir adiante com a ameaça, pode facilmente se tornar disfuncional. É sob essa perspectiva que podemos compreender comportamentos absurdamente paradoxais, como o caso de um adolescente relatado por Burnham (1965), que, após assassinar a mãe, exclamou: "Eu não podia suportar que ela me abandonasse".

Outras situações familiares patogênicas podem ser facilmente compreendidas à luz da teoria do apego. Um exemplo bastante comum ocorre quando uma criança tem um relacionamento tão próximo com a mãe que enfrenta dificuldades para estabelecer uma vida social fora da família, sendo este um relacionamento às vezes descrito como simbiótico. Na maior parte desses casos, a causa do problema pode ser atribuída à mãe, que, devido a uma infância difícil, desenvolveu uma forte ansiedade de apego e agora busca transformar seu próprio filho em sua figura de apego. Contrariamente à crença de que a mãe é excessivamente indulgente, a criança é sobrecarregada com a responsabilidade de cuidar da mãe. Assim, nesses casos, a relação típica de apego entre a criança e o progenitor cuidador é invertida.

Luto

Enquanto a ansiedade de separação é a resposta comum a uma ameaça ou risco de perda, o luto é a resposta comum a uma perda já ocorrida. Nos primeiros anos da psicanálise, vários analistas identificaram perdas ocorridas na infância ou mais tarde na vida como desempenhando um papel causal na perturbação emocional, sobretudo nos transtornos depressivos; em 1950, houve avanço em várias teorias sobre a natureza do luto e outras respostas à perda. Além disso, muita controvérsia acentuada já havia surgido. Essa controvérsia, que começou durante a década de 1930, surgiu das teorias divergentes sobre o desenvolvimento infantil elaboradas em Viena e Londres. Exemplos que representam os diferentes pontos de vista sobre o luto são encontrados em trabalhos como *Ausência do luto* (1937), de Helene Deutsch, e *Luto e sua relação com os estados maníaco-depressivos* (1940), de Melanie Klein. Enquanto Deutsch defendia que as crianças são incapazes de enlutar devido ao desenvolvimento psíquico inadequado, Klein afirmava que elas não só eram capazes, como assim o faziam. No entanto, segundo sua ênfase na alimentação, ela defendia que o objeto do luto era o seio perdido, além de atribuir complexas fantasias à criança. Embora essas posições teóricas sejam opostas, ambas foram construídas utilizando a mesma metodologia, ou seja, inferências sobre fases anteriores do desenvolvimento psicológico com base em observações feitas durante a análise de indivíduos mais velhos e emocionalmente perturbados. Nenhuma das teorias havia sido verificada por meio da observação direta de como crianças comuns de diferentes idades respondem à perda.

Abordar o problema de maneira prospectiva, como fiz, levou-me a conclusões diferentes. Durante o início da década de 1950, Robertson e eu generalizamos a sequência de respostas vistas em crianças pequenas durante a separação temporária da mãe, identificando-as como protesto, desespero e desapego (Robertson & Bowlby, 1952). Posteriormente, ao ler um estudo de Marris (1958) sobre como as viúvas lidam com a perda do marido, fiquei impressionado com as semelhanças entre suas respostas e as de crianças pequenas. Isso me levou a realizar um estudo sistemático da literatura sobre o luto, sobretudo o de adultos saudáveis. Tornou-se evidente que a sequência de respostas comumente observadas era muito diferente do que os teóricos clínicos presumiam. O luto em adultos emocionalmente saudáveis não apenas dura muito mais do que os seis meses sugeridos anteriormente, mas também apresenta respostas que são amplamente consideradas patológicas, como raiva direcionada a terceiros, a si mesmo e, às vezes, à pessoa perdida, além de descrença na ocorrência da perda (erroneamente chamada de negação) e de uma tendência frequente, embora nem sempre inconsciente, de buscar a pessoa perdida, na esperança de uma reunião. À medida que o panorama de respostas de luto em adultos se tornava mais claro, também se tornavam mais evidentes suas semelhanças com as respostas observadas na infância. Essa conclusão, quando foi inicialmente apresentada (Bowlby, 1960, 1961), recebeu muitas críticas, mas agora é amplamente respaldada por uma série de estudos subsequentes (p. ex., Parkes, 1972; Kliman, 1965; Furman, 1974; Rafael, 1982).

Uma vez que se tenha uma compreensão precisa do quadro de luto saudável, é possível identificar características que realmente indicam uma patologia. Também se torna possível discernir muitas das condições que favorecem o luto saudável e as que levam a um caminho patológico. A crença de que crianças são incapazes de passar pelo luto pode ser vista como derivada de generalizações baseadas em análises de crianças cujo processo de luto seguiu um curso atípico. Em muitos casos, isso ocorre porque a criança não recebeu informações adequadas sobre a perda ou não teve apoio emocional para ajudá-la a aceitar gradualmente sua perda, lidar com a saudade do familiar perdido e expressar sua raiva e sua tristeza.

Processos defensivos

O próximo passo nessa reformulação da teoria foi considerar como os processos defensivos poderiam ser mais bem conceituados, um passo crucial, uma vez que tais processos sempre foram centrais na teoria psicanalítica. Embora, como clínico, eu inevitavelmente tenha me preocupado com toda a gama de defesas, como pesquisador, direcionei minha atenção sobretudo para o comportamento de uma criança pequena em relação à mãe após um período de ausência, como em um hospital ou um berçário sem visitas. Nessas circunstâncias, é comum que a criança comece a tratar a mãe quase como se fosse uma estranha, mas, depois de um tempo, geralmente de horas ou dias, ela torna-se intensamente apegada, ansiosa para não a perder novamente e com raiva dela se achar que pode acontecer. De alguma forma, todos os seus sentimentos em relação à mãe e todos os comportamentos em relação a ela que consideramos naturais, como permanecer perto dela e, mais notavelmente, buscar segurança quando assustada ou magoada, desaparecem de repente, apenas para reaparecer após um intervalo. Essa condição foi chamada por James Robertson e por mim de desapego, e acreditávamos ser resultado de algum processo defensivo operando dentro da criança.

Enquanto Freud, em sua teorização científica, sentia-se limitado a um modelo conceitual que explicava todos os fenômenos, sejam eles físicos ou biológicos, em termos de disposição de energia, hoje temos disponíveis modelos conceituais de variedade muito maior. Muitos desses modelos são baseados em conceitos inter-relacionados, como organização, padrão e informação. Além disso, as atividades propositais dos organismos biológicos podem ser concebidas em termos de sistemas de controle estruturados de maneiras específicas. Esses sistemas se tornam ativos ao receber certos tipos de sinais e inativos ao receber sinais de outros tipos, utilizando suprimentos de energia física disponíveis. Assim, o mundo da ciência em que vivemos é radicalmente diferente do mundo em que Freud viveu na virada do século, e os conceitos disponíveis para nós são consideravelmente mais adequados aos nossos problemas do que os conceitos restritos disponíveis em sua época.

Se voltarmos agora ao estranho comportamento de desapego que uma criança pequena mostra com pessoas estranhas em um lugar desconhecido, depois de estar longe por um tempo, o que é tão peculiar sobre isso é a ausência de comportamento de apego em circunstâncias em que certamente esperaríamos observá-lo. Mesmo quando uma criança se machuca gravemente, ela não mostra nenhum sinal de buscar conforto. Assim, isso sugere que os sinais que normalmente desencadeariam o comportamento de apego estão falhando, não conseguindo alcançar o sistema comportamental responsável pelo comportamento. Em vez disso, parece que esses sinais estão sendo bloqueados, resultando na imobilização do sistema comportamental de apego. Isso significa que um sistema de controle de um comportamento crucial como o apego pode, em certas circunstâncias, tornar-se temporária ou permanentemente incapaz de ser ativado. Como resultado, toda a gama de sentimentos e desejos que normalmente acompanha o apego também se torna incapaz de ser despertada.

Ao considerar como essa desativação pode ocorrer, recorro ao trabalho dos psicólogos cognitivos (p. ex., Norman, 1976; Dixon, 1971, 1981) que, nos últimos 20 anos, revolucionaram nosso conhecimento de como percebemos o mundo e como interpretamos as situações em que estamos. Além de muitos avanços que são clinicamente compatíveis, essa revolução na teoria cognitiva não apenas dá aos processos mentais inconscientes o lugar central na vida mental que os analistas sempre reivindicaram para eles, como também apresenta uma imagem do aparelho mental como sendo capaz de desligar seletivamente informações de certos tipos especificados sem que a pessoa esteja ciente do que está acontecendo.

Nas crianças emocionalmente desapegadas descritas anteriormente, bem como, acredito, em adultos que desenvolveram o tipo de personalidade que Winnicott (1960) descreveu como "falso *self*" e Kohut (1977) descreveu como "narcisista", a informação que está sendo bloqueada é de um tipo muito especial. Diferentemente da exclusão rotineira de informações irrelevantes e que podem causar distração com as quais nos envolvemos diariamente e que são prontamente reversíveis, o que está sendo excluído nessas condições patológicas são os sinais, tanto internos quanto externos, que ativariam o comportamento de apego e que permitiriam que ela amasse e experimentasse ser amada. Em outras palavras, as estruturas mentais responsáveis pela exclusão seletiva rotineira estão sendo utilizadas – ou exploradas – para um propósito especial e potencialmente patológico. Refiro-me a essa forma de exclusão – por razões óbvias – como exclusão defensiva, que, naturalmente, é apenas outra forma de descrever a repressão. Assim como Freud considerava a repressão como o processo-chave em todas as formas de defesa, vejo também o papel da exclusão defensiva.* Uma abordagem mais abrangente desse tema, que envolve o processamento de informações relacionado ao problema da defesa e classifica as defesas em processos defensivos, crenças defensivas e atos defensivos, é discutida em no capítulo inicial de *Perda* (Bowlby, 1980).

Uma estrutura alternativa

Durante o tempo em que tem sido necessário para desenvolver o quadro conceitual descrito aqui, Margaret Mahler tem se preocupado com muitos dos mesmos problemas clínicos e algumas das mesmas características do comportamento das crianças. Ela também vem desenvolvendo uma estrutura conceitual revisada para lidar com essas questões, sendo totalmente estabelecida em seu livro *O nascimento psicológico da criança* (Mahler, Pine e Bergman, 1975). Comparar estruturas alternativas nunca é fácil, como enfatizado por Kuhn (1962), e nenhuma tentativa nesse sentido é feita aqui. Em outras obras (p. ex., Bowlby, 1981), descrevo o que acredito serem alguns dos pontos fortes da estrutura que prefiro, incluindo sua estreita relação com dados empíricos, tanto clínicos quanto de desenvolvimento, bem como sua compatibilidade com as ideias atuais em biologia evolutiva e neurofisiologia. Em contrapartida, as deficiências que vejo na es-

---

*Como salienta Spiegel (1981), o meu termo "exclusão defensiva" tem significado muito semelhante ao termo "desatenção seletiva", de Sullivan.

trutura de Mahler são criticadas seriamente por Peterfreund (1978) e Klein (1981).

Em resumo, as teorias de Mahler sobre o desenvolvimento infantil, incluindo suas fases postuladas de autismo e simbiose, mostram-se não fundamentadas na observação, mas em preconceitos da teoria psicanalítica tradicional. Ao fazer isso, elas ignoram quase completamente o notável corpo de novas informações sobre a primeira infância, construído a partir de cuidadosos estudos empíricos nas últimas duas décadas. Embora algumas das implicações clínicas da teoria de Mahler não sejam muito diferentes das que pertencem à teoria do apego e seu conceito de retorno à base para "reabastecer" seja semelhante ao uso de uma figura de apego como uma base segura a partir da qual explorar, os conceitos-chave com os quais as duas estruturas são construídas são muito diferentes.

Pesquisa

Nada tem sido tão gratificante quanto a imensa quantidade de pesquisa cuidadosa que surgiu do trabalho inicial sobre a privação materna. A literatura é agora extensa e vai muito além do escopo que um relato como este consegue resumir. Felizmente, estendê-lo também é desnecessário, uma vez que uma revisão abrangente e crítica do campo foi publicada por Rutter (1979), que mencionou a "constante acumulação de evidências mostrando a importância da privação e da desvantagem no desenvolvimento psicológico das crianças" e expressou a opinião de que os argumentos originais "foram amplamente confirmados". Um dos principais resultados dos trabalhos recentes é o grau em que duas ou mais experiências adversas interagem, multiplicando muitas vezes o risco de transtorno psicológico posterior. Um exemplo desse efeito interativo de experiências adversas pode ser observado nos achados de Brown e Harris (1978), derivados de seus estudos sobre transtornos depressivos em mulheres. (Durante a última década, esse grupo publicou muitos outros resultados do maior interesse, ver Harris [1988].)

Não só existe esse efeito altamente interativo de experiências adversas, como também há maior probabilidade de alguém que tenha passado por uma experiência adversa passar por outra. Por exemplo, "pessoas criadas em lares infelizes ou com separação são mais propensas a ter filhos ilegítimos, se tornarem mães adolescentes, ter casamentos infelizes e se divorciarem" (Rutter, 1979). Assim, as experiências adversas na infância têm efeitos de pelo menos dois tipos. Primeiro, elas tornam o indivíduo mais vulnerável a experiências adversas posteriores. Segundo, elas tornam mais provável que ele ou ela tenha mais experiências desse tipo. Embora as experiências adversas anteriores possivelmente sejam totalmente independentes da ação do indivíduo em questão, as posteriores provavelmente serão consequências de suas próprias ações, que surgem de transtornos da personalidade originados nas experiências anteriores.

Dos muitos tipos de transtornos psicológicos que podem ser parcialmente atribuídos a um ou outro padrão de privação materna no passado, os efeitos sobre o comportamento dos pais e, portanto, sobre a próxima geração são potencialmente os mais graves. Assim, uma mãe que, em virtude de experiências adversas durante a infância, cresce ansiosamente apegada tende a buscar cuidados de seu próprio filho, levando a criança a tornar-se ansiosa, culpada e, possivelmente, fóbica (ver revisão em Bowlby, 1973). Uma mãe que, quando criança, sofreu negligência e frequentes ameaças graves de abuso ou violência física tem maior propensão do que outras a abusar fisicamente de seu filho (DeLozier, 1982), resultando nos efeitos adversos sobre o desenvolvimento da personalidade da criança registrados por George e Main (1979). A pesquisa sistemática sobre os efeitos das experiências infantis na forma como mães e pais tratam seus filhos está apenas começando, mas parece ser um dos campos mais frutíferos para pesquisas adicionais, provavelmente. Outros direcionamentos de pesquisa são descritos em um simpósio recente editado por Parkes e Stevenson-Hinde (1982).

Minha razão para dedicar tanto espaço a este relato sobre o desenvolvimento da teoria não é apenas porque ela ocupou grande parte do meu tempo, mas também porque, como observou Kurt Lewin há muito tempo, "Não há nada tão prático quanto uma boa teoria" e, é claro, nada tão desfavorável quanto uma ruim. Sem uma boa teoria como guia, a pesquisa provavelmente será improdutiva e difícil de planejar, bem como os resultados serão difíceis de interpretar. Sem uma teoria de psicopatologia razoavelmente válida, as técnicas terapêuticas tendem a ser imprecisas, e seus benefícios, incertos. Sem uma teoria de etiologia razoavelmente válida, as medidas sistemáticas e acordadas de prevenção nunca serão respaldadas. Minha esperança é de que, em longo prazo, o maior valor da teoria proposta possa ser a luz que ela lança sobre as condições mais propícias a promover o desenvolvimento saudável da personalidade. Somente quando essas condições estiverem claras, sem qualquer dúvida, os pais saberão o que é melhor para seus filhos, e as comunidades estarão dispostas a ajudá-los a fornecer isso.

3
Psicanálise como arte e ciência

Durante o verão de 1978, fui convidado a realizar várias palestras no Canadá. Entre esses convites, havia um da Canadian Psychoanalytic Society para ministrar uma palestra acadêmica na reunião anual, que seria realizada na cidade de Quebec. O tema que escolhi me preocupava há alguns anos, e acredito que ainda haja muita confusão em torno desse assunto, muita confusão de pensamento.

Ao abordar a psicanálise como arte *e* ciência, quero destacar o que acredito serem dois aspectos muito diferentes de nossa disciplina: a arte da terapia psicanalítica e a ciência da psicologia psicanalítica. Ao fazê-lo, pretendo enfatizar o valor único de cada um, bem como a grande diferença que os separa – em termos de critérios contrastantes pelos quais devem ser avaliados e das perspectivas mentais distintas que cada um deles requer. Ao enfatizar essas distinções, não posso deixar de lamentar que a palavra *psicanálise* tenha sido usada precocemente de forma ambígua, como Freud mesmo descreveu. "Embora originalmente tenha sido o nome de um método terapêutico específico", escreve ele em sua autobiografia (1925), "agora também se tornou o nome de uma ciência – a ciência dos processos mentais inconscientes".

A distinção que estou traçando, é claro, não se limita à psicanálise, mas aplica-se a todos os campos nos quais a prática de uma profissão ou de um ofício resulta em um corpo de conhecimento científico – desde o ferreiro até a metalurgia, do engenheiro civil à mecânica do solo, do agricultor à fisiologia vegetal e do médico às ciências médicas. Em cada um desses campos, os papéis são diferenciados: de um lado, estão os praticantes, do outro, os cientistas, com um número limitado de indivíduos tentando combinar os dois papéis. Como a história demonstra, esse processo de diferenciação geralmente é doloroso, e mal-entendidos são frequentes. Considerando que acredito que a diferenciação inevitavelmente ocorrerá em nosso próprio campo, e talvez já esteja atrasada, é importante analisarmos algumas das dificuldades e dos mal-entendidos que possam surgir, na esperança de evitá-los ou mitigar suas consequências.

Começo contrastando os papéis do clínico e do cientista pesquisador, usando o caso da medicina como exemplo, e abordo esse contraste em três aspectos.

Foco de estudo

O objetivo do médico é considerar o maior número possível de aspectos de cada problema clínico com o qual é chamado a lidar. Isso exige que ele não apenas aplique qualquer princípio científico que pareça relevante, mas também que se baseie na experiência pessoal que pode já ter adquirido lidando com tal condição clínica e, sobretudo, preste atenção à combinação única de características encontradas em cada paciente. Reconhecendo o quanto os pacientes podem diferir, um médico experiente sabe que um tratamento adequado para um paciente pode ser completamente inadequado para outro. Considerar todos os fatores e atribuir a cada um o devido peso é a arte do julgamento clínico.

A perspectiva do cientista pesquisador é bastante diferente. Em seus esforços para discernir padrões gerais subjacentes à variabilidade individual, ele ignora o aspecto individual e busca simplificar, correndo o risco de simplificar demais. Se ele for sábio, provavelmente concentrará sua atenção em um aspecto limitado de um problema específico. Se, ao fazer sua seleção, ele for perspicaz ou simplesmente tiver sorte, poderá não apenas elucidar o problema selecionado, mas também desenvolver ideias aplicáveis a uma gama mais ampla. Em contrapartida, se sua seleção for precipitada ou infeliz, ele pode acabar sabendo cada vez mais sobre cada vez menos. Esse é o risco que todo pesquisador corre. A arte da pesquisa consiste em selecionar um problema gerenciável e limitado, bem como os métodos que melhor auxiliarão a resolvê-lo. Isso me leva ao meu segundo ponto.

Modos de se obter informações

Nos métodos disponíveis para adquirir informações, o médico tem algumas grandes vantagens sobre o cientista pesquisador, mas também grandes desvantagens. Comecemos pelas vantagens.

No seu papel de cuidado, o médico tem permissão para acessar informações de certos tipos que permanecem fechadas para o cientista: como um amigo meu gosta de dizer, só os cirurgiões podem abrir você para ver o que há por dentro. De maneira análoga, é somente por meio de um tratamento terapêutico que um psicanalista tem acesso ao que ocorre de importante na mente de uma pessoa. Além disso, em ambas as profissões, os médicos têm permissão para intervir de maneiras específicas e têm o privilégio de observar as consequências dessas intervenções. Essas são vantagens imensas, e os psicanalistas não demoraram a explorá-las.

No entanto, nenhuma ciência pode prosperar por muito tempo sem recorrer a novos métodos para verificar as observações feitas e as hipóteses formuladas a partir de métodos mais antigos. Nesse aspecto, o cientista pesquisador provavelmente terá vantagem. Nas ciências médicas, fisiologistas e patologistas fizeram muitos avanços por meio de experimentos com animais, culturas de tecidos, análises bioquímicas e milhares de outras técnicas engenhosas. De fato, é característico de um cientista criativo inventar novos meios pelos quais fenômenos possam ser observados de uma nova forma, mesmo que já tenham sido estudados por outros métodos.

É nessa área, acredito, que o uso ambíguo da palavra "psicanálise" causou o maior prejuízo. Isso levou alguns analistas a supor que o único método de investigação apropriado para o avanço da ciência psicanalítica é o tratamento psicanalítico de um paciente. Como considero isso um profundo mal-entendido, abordarei o assunto com muito mais detalhes. Antes de fazê-lo, porém, gostaria de mencionar o papel do ceticismo e da fé nos respectivos campos de cientista e profissional da área.

Ceticismo e fé

Em seu trabalho diário, é necessário que um cientista exerça um alto grau de crítica e autocrítica. No mundo científico, nem os dados nem as teorias de um líder, por mais pessoalmente admirado que seja, são isentos de questionamentos e críticas. Não há espaço para autoridade.

No entanto, o exercício de uma profissão é diferente. Para ser eficaz, um profissional deve estar preparado para agir como se certos princípios e teorias fossem válidos. Ao decidir quais adotar, é provável que seja guiado pelos profissionais experientes com os quais aprende. Além disso, é natural que os profissionais se impressionem quando a aplicação de uma teoria parece ter sido bem-sucedida, o que pode levá-los a depositar mais confiança em uma teoria do que as evidências disponíveis podem justificar.

Do ponto de vista da prática clínica, isso não é necessariamente ruim. Evidências abundantes mostram que a fé e a esperança que um profissional traz para seu trabalho são importantes para ajudar a maioria dos pacientes. No entanto, muitas vezes, a própria falta dessas qualidades torna tantos pesquisadores excelentes inadequados para serem terapeutas.

Embora a fé na validade de dados e teorias *específicos* não seja apropriada para um cientista, isso não significa que ele seja apenas um cético. É o oposto, todo o seu modo de vida é baseado na fé – fé de que, em longo prazo, o melhor caminho para o conhecimento confiável é a aplicação do método científico.

Certamente, reconheço que existem muitos psicanalistas que não compartilham dessa fé e que acreditam que os problemas que enfrentamos estão muito fora do escopo da ciência. Respeito essa visão, embora não a compartilhe, assim como Freud. No entanto, mesmo os entusiastas da aplicação do método científico em nosso campo devem reconhecer que pode haver problemas que esse método nunca poderá resolver. Simplesmente não sabemos. Nossa tarefa, em minha opinião, é aplicar nosso método com a maior habilidade possível, acreditando, por um lado, que isso expandirá a área de conhecimento confiável. Por outro, devemos aceitar que é provável que sempre haverá áreas que estão além do escopo de qualquer modo existente de investigação científica.

Para muitos de vocês que estão envolvidos na prática terapêutica, bem como desejam contribuir para o avanço da ciência psicanalítica, pode ser difícil aceitar os contrastes que estou traçando entre os papéis de clínico e cientista. No entanto, acredito que é somente reconhecendo essas diferenças e agindo de acordo com elas que podemos aproveitar ao máximo os pontos fortes de cada papel – ou que alguém possa desempenhar ambos com alguma esperança de sucesso. Como profissionais em campo, lidamos com a complexidade; como cientistas, buscamos simplificar. Como profissionais, usamos a teoria como guia; como cientistas, desafiamos essa mesma teoria. Como profissionais, aceitamos métodos restritos de investigação; como cientistas, exploramos todos os métodos disponíveis.

Anteriormente, mencionei a necessidade de desenvolver novos métodos para se obter dados na ciência em evolução. Isso ocorre porque, por mais acurado que um método possa ser, ele inevitavelmente tem suas limitações, embora sempre haja a perspectiva de que outro método possa compensá-las. Assim, o novo método pode não ser superior ao antigo; de fato, pode ter grandes limitações. Sua utilidade reside simplesmente no fato de que seus pontos fortes e suas limitações são diferentes. Talvez eu possa ilustrar esse ponto com referência ao meu próprio trabalho.

Quando me formei em psicanálise, em 1937, os membros da British Society estavam imersos na exploração dos mundos de fantasia de adultos e crianças, e dar atenção sistemática às experiências reais de uma pessoa era considerado quase fora do interesse de um analista. Naquela época, a famosa reviravolta de Freud, em 1897, em relação à etiologia da histeria,* levou ao fato de que qualquer um que enfatizasse as *experiências reais* de uma criança, que poderiam ter ocorrido, e talvez ainda estivessem ocorrendo, era considerado lamentavelmente ingênuo. Quase por definição, presumia-se que alguém interessado no mundo externo não poderia estar interessado no mundo interno – na verdade, provavelmente estava fugindo dele.

Para mim, como biólogo, esse contraste entre o interno e o externo, o organismo e o ambiente, nunca foi atraente. Além disso, como psiquiatra envolvido no trabalho com crianças e famílias e profundamente influenciado pelos *insights* de dois assistentes sociais de orientação analítica, fui confrontado diariamente com o impacto que os problemas emocionais dos pais tinham sobre as crianças. Ainda me lembro vividamente de dois exemplos. Em um deles, um pai estava muito preocupado com a masturbação de seu filho de 8 anos e, em resposta às minhas perguntas, explicou como, sempre que flagrava o filho com a mão nos órgãos genitais, o colocava sob água fria. Isso me levou a perguntar ao pai se ele também já havia se preocupado com a masturbação, e ele começou a contar uma longa e triste história de

---

*Efron (1977) discutiu as circunstâncias em que ocorreu a abrupta mudança de opinião de Freud.

como havia lutado contra esse problema ao longo de sua vida. Em outro caso, o tratamento punitivo de uma mãe ao ciúme de seu filho de 3 anos em relação ao novo bebê foi rapidamente atribuído ao problema que ela teve com seu próprio ciúme em relação a um irmão mais novo ao longo de sua vida.

Observando tais situações, cheguei à conclusão de que é igualmente importante para os analistas estudar como uma criança é tratada por seus pais, assim como estudar as representações internas que ela tem deles. De fato, o foco principal de nossos estudos deve ser a interação entre esses dois aspectos, o interno e o externo. Acreditando que isso só seria possível se tivéssemos um conhecimento mais sistemático sobre os efeitos das experiências de uma criança em seus primeiros anos dentro de sua família, concentrei minha atenção nessa área. Foram várias as razões pelas quais escolhi como meu campo especial de estudo a remoção de uma criança pequena de sua casa para um berçário ou um hospital, em vez de estudar o campo mais amplo da interação entre pais e filhos. Primeiro, acreditei que esse evento poderia ter sérios efeitos negativos no desenvolvimento da personalidade da criança. Segundo, não havia dúvidas sobre se isso ocorreu ou não, em contraste com a dificuldade de obter informações válidas sobre como um pai trata uma criança. Terceiro, parecia ser um campo em que medidas preventivas poderiam ser possíveis; e, talvez eu deva acrescentar, em quarto lugar, fui motivado pela completa incredulidade com que minhas opiniões foram recebidas por alguns colegas, embora não por todos, quando as expus pela primeira vez pouco antes da guerra.

Os resultados de nossos estudos subsequentes, realizados por dois pesquisadores que posteriormente se tornaram analistas, James Robertson e Christoph Heinicke, agora são amplamente conhecidos, e acredito que tiveram um efeito significativo no pensamento psicanalítico. No entanto, gostaria de destacar agora a estratégia de pesquisa. Apesar do trabalho pioneiro de analistas renomados, como Anna Freud, René Spitz, Ernst Kris, Margaret Mahler e outros, por muito tempo, houve uma tendência nos círculos analíticos de considerar a observação direta de crianças pequenas e o registro de suas palavras apenas como um método auxiliar de pesquisa, cujos resultados eram interessantes somente quando confirmavam conclusões já obtidas pelo método tradicional de tratamento de pacientes e que não contribuíam com nada de original. A ideia de que a observação direta de crianças – dentro e fora do ambiente familiar – não só é um método valioso para o avanço da ciência psicanalítica, como também é indispensável, tem demorado para ser aceita.

As principais contribuições desses estudos diretos, acredito, são esclarecer o desenvolvimento emocional e social das crianças, identificar variações em relação a diversos parâmetros relevantes e compreender como a experiência familiar influencia o desenvolvimento da criança de diferentes maneiras. Permita-me apresentar alguns exemplos de descobertas de colegas que trabalham nas áreas de etologia e psicologia do desenvolvimento, as quais considero altamente pertinentes para nosso entendimento clínico.

O primeiro exemplo é do trabalho de Mary Salter Ainsworth (1977), anteriormente na Johns Hopkins University, e agora na University of Virginia. Treinada inicialmente como psicóloga clínica, Mary Ainsworth trabalhou conosco em Tavistock durante o início da década de 1950 e depois passou um tempo estudando mães e bebês na Uganda. Seu estudo completo tratou do desenvolvimento da interação mãe-bebê durante o primeiro ano de vida, cuja díade era branca, da classe média em Baltimore, Maryland. Ainsworth analisou minuciosamente os tipos de questões que os analistas consideram importantes.

Durante seu estudo sobre mães e bebês em Uganda, Ainsworth ficou impressionada com a forma como os bebês, uma vez que conseguem se movimentar sozinhos, geralmente usam a mãe como base para a exploração. Quando as condições são favoráveis, o bebê afasta-se da mãe para explorar o ambiente e retorna a ela periodicamente. Aos 8 meses, quase todas as crianças observadas que tinham uma figura materna estável demonstraram esse comportamento. No entanto, quando a mãe estava ausente, essas excursões organizadas se tornavam menos evidentes ou cessavam. Com base nessas descobertas, tanto em bebês humanos quanto em macacos, surgiu a noção de que uma mãe dedicada comum fornece à criança uma base segura a partir da qual ela pode explorar e para a qual pode retornar quando estiver chateada ou assustada. Observações semelhantes foram feitas por Margaret Mahler (Mahler, Pine, & Bergman, 1975), embora ela as interprete de acordo com uma estrutura teórica diferente daquela que Ainsworth e eu utilizamos. Esse conceito de base pessoal segura, da qual uma criança, um adolescente ou um adulto sai para explorar e para a qual ele retorna periodicamente, é aquele que considero fundamental para entender como uma pessoa emocionalmente estável se desenvolve e funciona *durante toda a sua vida*.

Durante seu projeto em Baltimore, Ainsworth não só pôde estudar mais de perto esse tipo de comportamento, como também descreveu muitas variações individuais dele para serem observadas em uma amostra de 23 bebês aos 12 meses. Foram feitas observações do comportamento exploratório e do comportamento de apego dos bebês, bem como o equilíbrio entre esses dois aspectos, tanto em casa, com a mãe, quanto em uma situação de teste nova. Além disso, tendo obtido dados sobre o tipo de amamentação que cada bebê recebeu ao longo de seu primeiro ano de vida (por meio de sessões de observação prolongadas realizadas três vezes por semana na casa da criança), Ainsworth pôde formular hipóteses que relacionavam determinados padrões de desenvolvimento emocional e comportamental aos 12 meses com experiências maternas anteriores específicas.

As descobertas desse estudo (ver revisão de Ainsworth, 1977) revelaram que o comportamento de um bebê de 12 meses com e sem a mãe em casa e em uma situação experimental apresentam semelhanças significativas. Com base nas observações desses comportamentos em ambos os contextos, é possível classificar os bebês em três grupos principais, de acordo com dois critérios: (a) a quantidade de exploração quando estão com a mãe ou sem ela; e (b) como eles tratam a mãe quando ela está presente, quando ela sai e, sobretudo, quando ela retorna.

Havia oito bebês cujo comportamento geral em seu primeiro aniversário Ainsworth considerava promissor para o futuro. Essas crianças exploravam ativamente, em especial na presença da mãe, e usavam a mãe como base, observando onde ela estava, trocando olhares e, de tempos em tempos, retornando a ela para compartilhar um contato agradável. Quando a mãe se ausentava por um curto período, era saudada calorosamente em seu retorno. Chamarei esses bebês de grupo X.

Havia nada menos que 11 crianças cujo comportamento geral causava preocupação, e as chamarei de grupo Z. Três delas eram passivas, tanto em casa quanto na situação experimental, exploravam pouco e, em vez disso, chupavam o dedo ou se balançavam. Estavam constantemente preocupadas com o paradeiro da mãe, chorando muito em sua ausência, mas demonstravam hostilidade e se tornavam difíceis de lidar quando a mãe retornava. As outras oito crianças desse grupo alternavam entre parecer muito independentes e ignorar completamente a mãe, para, de repente, ficar ansiosas e tentar encontrá-la. No entanto, quando a encontravam, pareciam não gostar do contato com ela e, muitas vezes, brigavam para se afastar novamente. Na verdade, elas apresentaram um quadro clássico de ambivalência.

As quatro crianças restantes das 23 estudadas ocuparam uma posição intermediária entre aquelas com um prognóstico favorável em seu primeiro aniversário e aquelas com um prognóstico reservado. Chamarei essas crianças de grupo Y.

Como a cada três semanas os pesquisadores passavam uma sessão de três horas na casa de cada criança observando e registrando o comportamento da mãe e do bebê ao longo do primeiro ano de vida, eles tinham muitos dados em primeira mão para avaliar o comportamento da mãe em relação ao filho. Ao fazer essas avaliações, Ainsworth usou quatro escalas distintas de classificação de nove pontos, mas, uma vez que as classificações nessas escalas são altamente correlacionadas, para os propósitos atuais, uma escala é suficiente – aquela que mede o grau de sensibilidade ou de insensibilidade que uma mãe mostra em relação aos sinais e às comunicações de seu bebê. Enquanto uma mãe sensível parece estar constantemente "sintonizada" para receber os sinais de seu bebê, interpretando-os corretamente e respondendo a eles rápida e apropriadamente, uma mãe insensível muitas vezes não percebe esses sinais, interpretando-os mal quando os percebe, respondendo tardiamente, de maneira inadequada ou não respondendo. Ao examinar as classificações nessa escala para as mães dos bebês em cada um dos três grupos, verifica-se que as mães dos oito bebês no grupo X têm pontuações uniformemente altas (intervalo de 5,5 a 9); as mães dos 11 bebês no grupo Z têm pontuações uniformemente baixas (intervalo de 1 a 3,5); e as mães das quatro crianças no grupo Y estão no meio (intervalo de 4,5 a 5,5). Essas diferenças são estatisticamente significativas.

Claramente, muito trabalho adicional é necessário antes de ser possível tirar conclusões com alto grau de confiança. No entanto, os padrões gerais de desenvolvimento da personalidade e da interação mãe–filho visíveis aos 12 meses são suficientemente semelhantes ao que é visto no desenvolvimento da personalidade e na interação pais–filhos em anos posteriores. Isso sugere que há uma relação plausível entre esses estágios e que um pode ser precursor do outro. No mínimo, as descobertas de Ainsworth mostram que um bebê cuja mãe é sensível, acessível e receptiva, que aceita seu comportamento e é cooperativa ao lidar com ele não é necessariamente uma criança exigente e infeliz, como algumas teorias podem sugerir. Em vez disso, esse tipo de maternidade é evidentemente compatível com uma criança desenvolvendo uma medida limitada de autoconfiança na época de seu primeiro aniversário, combinada com um alto grau de confiança em sua mãe e prazer na companhia dela.

Em contrapartida, mães insensíveis aos sinais de seus filhos, talvez devido a preocupações e aborrecimentos com outras questões, que ignoram seus filhos ou interferem em suas atividades de maneira arbitrária, ou que simplesmente os rejeitam, provavelmente terão filhos infelizes, ansiosos ou difíceis. Aqueles que já trabalharam em clínicas atendendo crianças ou adolescentes com transtornos dificilmente ficarão surpresos com isso.

Embora a descoberta de Ainsworth de uma correlação entre a responsividade da mãe ao seu bebê e a maneira como o bebê se comporta em relação a ela aos 12 meses seja estatisticamente significativa e tenha sido confirmada por estudos subsequentes, é sempre possível argumentar que o parceiro que desempenha o papel principal na determinação do desenvolvimento da interação é o bebê, e não a mãe. Além disso, alguns bebês nascem com características mais desafiadoras, o que pode levar a reações adversas por parte das mães.

Eu não acredito que a evidência apoie essa visão. Por exemplo, as observações feitas durante os primeiros três meses de vida desses bebês não mostraram nenhuma correlação entre a quantidade de choro de um bebê e a maneira como sua mãe o tratava. No entanto, no final do primeiro ano, foi observado que as mães que atendiam prontamente seus bebês que choravam tinham filhos que choraram muito menos do que os de mães que os deixavam chorando.

Existem outras descobertas, algumas mencionadas na Palestra 6, que também sustentam a visão de que, exceto em uma minoria de casos, a mãe desempenha o papel principal no desenvolvimento da interação.

Baseando-se em suas próprias observações caseiras, Ainsworth fez um relato gráfico do que pode acontecer. Por exemplo, ela descreve como observou um bebê chorando incessantemente e contou os minutos até que a mãe respondesse. Em alguns casos, a mãe demora o máximo de tempo que pode suportar, acreditando erroneamente que isso só faria aumentar o choro do bebê. No entanto, as descobertas de Ainsworth refutam firmemente essa crença. Em outros casos, a mãe pode estar envolvida com outras atividades e não atender prontamente o bebê. Ainda, há situações em que a mãe parece não registrar o choro do bebê, o que é angustiante para um observador. Em geral, são mulheres que sofrem de ansiedade e depressão, sendo realmente incapazes de cuidar de qualquer outra pessoa.

Agora, será evidente que essas observações detalhadas e precisas, que demonstram a grande variedade de experiências de diferentes crianças, são obtidas apenas pelos métodos usados por esses pesquisadores. Se os observadores não estivessem presentes para testemunhar o que estava acontecendo, mas, em vez disso, confiassem apenas no relato das mães, as conclusões obtidas seriam, em muitos casos, totalmente equivocadas, e toda a esperança de encontrar correlações significativas entre a forma como uma criança se desenvolve e como ela é tratada pelos pais teria desaparecido. No entanto, como vimos, quando métodos confiáveis de observação são empregados, mesmo com amostras bem pequenas, correlações altamente significativas são encontradas.

Ao enfatizar o papel determinante que a mãe desempenha no estabelecimento do padrão de interação com seu bebê, uma vez que as evidências apontam claramente nessa direção, não desejo atribuir culpa. Cuidar de um bebê, de uma criança pequena ou de uma criança mais velha não é apenas um trabalho qualificado, como também muito difícil e exigente. Mesmo para uma mulher que teve uma infância feliz e recebe apoio de seu marido e, talvez, de sua própria mãe e que não se encheu de conselhos errôneos sobre os perigos de mimar seu bebê é uma grande responsabilidade. Não é surpreendente que uma mulher sem essas vantagens possa enfrentar problemas emocionais e certamente não é motivo para culpa. No entanto, agora temos poucas dúvidas de que, quando bebês e crianças pequenas são objeto de cuidados maternos insensíveis, talvez misturados com ocasiões de rejeição total e, posteriormente, de separações e ameaças de separação, os efeitos são lastimáveis. Essas experiências aumentam muito o medo de uma criança de perder a mãe e intensificam as demandas por sua presença e a raiva em relação às suas ausências. Além disso, podem levar a criança a desesperar-se por um relacionamento seguro e amoroso com alguém.

Embora ideias desse tipo sejam muito mais familiares e mais aceitáveis nos círculos analíticos do que eram há uma geração, graças à influência de Balint, Fairbairn, Winnicott e outros, estou inclinado a pensar que suas implicações, tanto teóricas quanto práticas, ainda não foram assimiladas.

Permita-me ilustrar esse ponto considerando os problemas etiológicos e terapêuticos apresentados pelo tipo de paciente que, no Reino Unido, é provavelmente descrito como tendo uma personalidade esquizoide (Fairbairn, 1940), ou um falso *self* (Winnicott, 1960), e, na América do Norte, conhecido como tendo personalidade limítrofe ou sofrendo de narcisismo patológico (p. ex., Kohut, 1971; Kernberg, 1975).

A imagem que essa pessoa exibe é de independência assertiva e autossuficiência emocional. De forma alguma ela ficará em dívida com alguém e, ao estabelecer relacionamentos, faz questão de manter o controle. Na maior parte do tempo, ela pode parecer estar indo muito bem, mas pode haver momentos em que fica deprimida ou desenvolve sintomas psicossomáticos, muitas vezes sem entender a razão. Apenas quando esses sintomas ou uma crise de depressão se tornam graves é que há uma possibilidade de buscar tratamento, mas, ainda assim, é mais provável que prefira drogas a procurar um analista.

Quando essa pessoa procura uma análise, ela tem o cuidado de manter o analista a distância e controlar o que acontece. Seu relato é lúcido, mas evita qualquer referência a sentimentos, exceto talvez para expressar tédio. Ela considera feriados ou outras interrupções na análise uma economia de tempo. Talvez ela considere a análise um "exercício interessante", mas não esteja convencida de sua utilidade. De qualquer forma, ela acredita que provavelmente poderia fazer um trabalho melhor analisando a si própria.

Existe uma vasta literatura que discute a psicopatologia dessas condições e os desafios terapêuticos que elas apresentam, mas, quando se trata de questões relacionadas à etiologia, não há qualquer consenso. Para ilustrar dois pontos de vista contrastantes, temos Winnicott (1960, 1974), que atribui a condição diretamente ao fracasso ambiental precoce na forma de "maternidade insuficiente". Por sua vez, Kernberg (1975), em seu tratado sistemático, dedica apenas alguns parágrafos facilmente esquecíveis sobre o possível papel que a maternidade desempenha na influência do desenvolvimento, com referências passageiras à maternidade inadequada que alguns de seus pacientes podem ter recebido. Ele não investiga seriamente se a experiência inicial pode desempenhar um papel fundamental na determinação dessas condições.

Claramente, é de extrema importância que, no devido tempo, alcancemos algum consenso sobre esse assunto. Ao debater essas questões, acredito que seria imprudente não considerar os dados de todas as fontes disponíveis. Embora as pesquisas epidemiológicas tenham se mostrado informativas para algumas condições, duvido que elas tenham algo a nos dizer sobre essa questão específica. Portanto, no momento, devemos nos contentar com os dados provenientes de duas fontes principais: (a) o tratamento analítico de pacientes e (b) a observação direta de crianças pequenas com suas mães.

Em relação aos dados obtidos durante o tratamento, suspeito que seria proveitoso que alguém de mente aberta realizasse uma pesquisa da literatura psicanalítica, reunindo todos os relatos de casos que registram informações sobre as experiências infantis desses pacientes. Minha suspeita é de que, à medida que qualquer informação é fornecida, ela apoiaria fortemente a visão de Winnicott de que esses pacientes tiveram infâncias perturbadas, nas quais a maternidade inadequada desempenhou um papel significativo de várias formas. No entanto, como não conduzi tal pesquisa, posso apenas ilustrar o tipo de descobertas que eu certamente esperaria. Os exemplos a seguir são baseados em relatos de casos publicados por três analistas que foram significativamente influenciados pelas opiniões de Winnicott.

Um dos relatos é da viúva de Donald Winnicott, Clare Winnicott (1980). A paciente em questão era uma mulher trabalhadora de 41 anos que apresentava um quadro clássico de personalidade emocionalmente autossuficiente e que havia recém-desenvolvido uma variedade de sintomas psicossomáticos. Somente após muitas análises é que ela revelou os acontecimentos de sua infância. Sua mãe trabalhava em tempo integral, e ela foi cuidada por uma menina alemã que foi embora repentinamente quando a paciente tinha 2 anos e meio. Após seis meses de incerteza, sua mãe a levou para tomar chá na casa de uma amiga; mais tarde, ela descobriu que sua mãe havia desaparecido, deixando-a sozinha em uma cama estranha. No dia seguinte, ela foi levada para um internato em que uma amiga de sua mãe trabalhava, e lá permaneceu até os 9 anos, inclusive durante as férias. Ela parecia ter se adaptado bem e lidado com isso de forma bem-sucedida, mas, a partir desse momento, sua vida emocional ficou fragilizada.

Outro relato, de Jonathan Pedder (1976), trata de uma jovem professora de 20 e poucos anos que apresenta semelhanças marcantes em personalidade e sintomatologia com a paciente de Clare Winnicott. Embora na entrevista inicial ela tivesse apresentado uma imagem idealizada de sua infância, logo ficou evidente que, aos 18 meses, ela havia sido enviada para ficar com uma tia durante a gravidez seguinte de sua mãe. Após seis meses com a tia, ela passou a sentir que sua tia se tornara mais uma mãe para ela do que sua própria mãe, e temia que voltar para casa fosse uma experiência dolorosa. A partir desse momento, até os 10 anos, ela desenvolveu um medo terrível de outra separação. Ela descreveu que "desligou" sua ansiedade "como se fecha uma torneira", e, com a ansiedade, desapareceu também a maior parte de sua vida emocional.

O terceiro relato, de Elizabeth Lind (1973), é sobre um recém-formado de 23 anos que, embora gravemente deprimido e planejando suicídio, afirmou que seu estado de espírito era menos uma doença do que "uma filosofia de vida". Ele era o mais velho de uma grande família. Aos 3 anos, dois irmãos já haviam nascido. Ele relatou que seus pais brigavam com frequência e violentamente. Quando a família era jovem, o pai passava muito tempo fora de casa, treinando para uma profissão. A mãe era sempre imprevisível. Com frequência, ela ficava tão transtornada com conflitos entre seus filhos que se trancava no quarto por vários dias. Houve várias ocasiões em que ela saía de casa, levando as filhas consigo, mas deixando os filhos para trás.

Disseram-lhe que ele era um bebê infeliz, que não se alimentava nem dormia bem, frequentemente deixado sozinho chorando por longos períodos. Foi dito que seu choro era apenas uma tentativa de manipular seus pais e ser mimado. Em uma ocasião, ele teve apendicite e lembra-se de ter ficado acordado a noite toda gemendo, sem receber qualquer ajuda de seus pais; na manhã seguinte, ele estava gravemente doente. Mais tarde, durante a terapia, ele recordou como se sentia transtornado ao ouvir seus irmãos e suas irmãs mais novos sendo deixados chorando e como odiava seus pais por essas situações e sentia vontade de matá-los.

Ele sempre se sentiu como uma criança perdida e ficou intrigado ao entender por que havia sido rejeitado. Ele descreve seu primeiro dia na escola como o pior de sua vida, sentindo-se completamente abandonado por sua mãe. Durante todo o dia, ele sentiu-se desesperado e não conseguia parar de chorar. A partir desse momento, ele gradualmente passou a esconder todos os seus desejos de amor e apoio, recusando-se a pedir ajuda ou a aceitar que qualquer pessoa fizesse algo por ele.

Agora, durante a terapia, ele passou a sentir medo de desmoronar, chorar e buscar cuidado. Ele estava convencido de que sua terapeuta consideraria isso um incômodo e julgaria seu comportamento como uma simples busca por atenção. Além disso, ele temia que, se dissesse algo pessoal, sua terapeuta se ofendesse e talvez se distanciasse dele.

Nos três casos apresentados, o colapso dos pacientes ocorreu após o término de relacionamentos significativos, mas frágeis, nos quais cada membro do par tinha suas reservas e contribuições óbvias para o fim do relacionamento.

Durante o tratamento desses pacientes, os três analistas adotaram a técnica de Winnicott, que consistia em permitir a livre expressão dos chamados "sentimentos de dependência". Como resultado, cada paciente desenvolveu, ao longo do tempo, um apego intenso e ansioso por seu analista (para usar a terminologia que prefiro [Bowlby, 1969, 1973]). Essa abordagem possibilitou que cada paciente recuperasse a vida emocional perdida durante a infância e, com ela, recuperasse um senso de "*self* real". Os resultados terapêuticos foram positivos.

É importante reconhecer que as conclusões desses três casos isolados não comprovam algo concreto. No entanto, esses relatos são sugestivos e, até onde é possível, oferecem suporte à teoria da etiologia proposta por Winnicott. Mesmo assim, é compreensível que os críticos possam questionar a validade das memórias de infância de um paciente e questionar se a sequência de eventos relatada teve o impacto emocional em sua vida que ele afirma de maneira tão explícita. (A validade desses eventos como ponto de virada na vida dos pacientes é questionável, já que ocorreram após o segundo aniversário deles.)

Agora, parece evidente que as controvérsias sobre etiologia nunca serão resolvidas enquanto confiarmos apenas em evidências retrospectivas, possivelmente tendenciosas, provenientes das análises de pacientes adultos ou crianças. O que é necessário é obter evidências de natureza *diferente*, para fornecer algum tipo de verificação cruzada. Nesse sentido, acredito que as observações diretas de crianças pequenas e suas interações com as mães são potencialmente muito úteis. Existe alguma evidência dessa fonte que sugira que a vida emocional de uma criança pode ficar entorpecida pelos tipos de experiência descritos? A resposta, claro, é que há muitas.

Aqui, naturalmente, destaco primeiro as observações feitas por James Robertson (1953), posteriormente confirmadas por Christoph Heinicke e Ilse Westheimer (1965), sobre o comportamento de crianças entre 12 e 36 meses quando são afastadas de casa e colocadas sob os cuidados de pessoas estranhas em um ambiente desconhecido, como um berçário ou um hospital, sem uma figura materna substituta. Nessas circunstâncias, as crianças chegam a agir como se a maternidade e o contato humano não tivessem grande significado para elas. À medida que seus cuidadores vão e vêm, elas deixam de formar vínculos com qualquer pessoa e, ao retornarem para casa, evitam seus pais por vários dias, até mesmo por períodos mais longos, se forem tratadas de forma hostil.

Além disso, há razões para acreditar que uma criança pequena pode desenvolver esse tipo de entorpecimento defensivo em resposta à rejeição materna, mesmo na ausência de separação significativa. Exemplos disso podem ser encontrados em observações feitas por Mahler (1971). Descobertas mais conclusivas são relatadas por Mary Main (1977), colega de Mary Ainsworth, que conduziu um estudo especial com um grupo de crianças na faixa de 12 a 20 meses. Essas crianças não apenas deixaram de cumprimentar suas mães, após serem deixadas por elas com um estranho por alguns minutos, como também as evitaram deliberadamente. Ao assistir a alguns dos registros em vídeo de Main dessas interações, fiquei surpreso ao perceber o quanto algumas dessas crianças foram afetadas. Uma delas se aproximou brevemente de sua mãe, virando o rosto para ela, e depois se afastou. Outra criança, em vez de se aproximar da mãe, ficou de frente para a parede da sala, como se estivesse de castigo, e ajoelhou-se com o rosto no chão. Em todos os casos, os registros em vídeo dessas mães brincando com seus filhos durante uma sessão posterior mostraram que elas eram diferentes das mães de crianças não evasivas: pareciam "irritadas, inexpressivas e evitavam o contato físico com o bebê". Algumas repreendiam em tom zangado, outras debochavam, e outras, ainda, falavam sarcasticamente com seus filhos ou sobre eles. Uma possibilidade óbvia é que, ao se distanciar da mãe dessa maneira, a criança evita ser tratada de maneira hostil novamente.

Assim, as evidências cruzadas fornecidas por observações diretas de crianças pequenas e suas mães tendem a corroborar uma teoria semelhante à de Winnicott. Em suma, e em minhas próprias palavras, tanto a criança quanto, posteriormente, o adulto têm medo de se apegar a alguém, receando uma nova rejeição com toda a angústia, a ansiedade e a raiva que isso acarretaria. Como resultado, há um bloqueio significativo contra a expressão ou mesmo o sentimento de seu desejo natural por um relacionamento íntimo de confiança, cuidado, conforto e amor – que considero como manifestações subjetivas de um importante sistema de comportamento instintivo.

Uma explicação desse tipo, embora muito menos complexa do que algumas propostas encontradas na literatura, demonstra bem o comportamento dessas pessoas, tanto no mundo em geral quanto com seus analistas. Inevitavelmente, eles trazem para a análise seu medo de estabelecer uma relação de confiança, o que experimentamos como uma resistência considerável. Assim, quando finalmente recuperam seus sentimentos, mais da metade espera que os tratemos como se lembram de terem sido tratados por seus pais. Como resultado, vivem com medo de serem rejeitados e ficam intensamente zangados se suspeitarem que foram abandonados. Além disso, não é raro que a maneira como tratam a nós, analistas – com abuso e rejeição –, seja uma versão do tratamento que se recordam de ter recebido quando crianças.

Você verá que, ao explicar como esses pacientes se comportam durante a análise, apresentei várias hipóteses interligadas. Em um programa de pesquisa, cada uma dessas hipóteses requer escrutínio e avaliações adicionais à luz de dados. Entre os muitos métodos que se esperaria serem válidos, está o estudo da interação entre pais e filhos em um ambiente terapêutico. Além disso, ainda há espaço importante para a realização de observações adicionais durante a análise individual de pacientes; embora eu acredite que, para que a pesquisa clínica alcance todo o seu potencial, é necessário que ela seja conduzida de maneira muito mais sistemática e direcionada do que foi feito até agora.

Vejamos um exemplo: seria valioso manter um registro detalhado das respostas de um ou mais desses pacientes antes e depois de cada fim de semana sucessivo, durante as férias e em cada interrupção inesperada das sessões, com um registro igualmente detalhado de como o analista lidou com essas situações. Isso nos permitiria conhecer o repertório de respostas apresentado por um paciente nessas ocasiões, bem como as mudanças em suas respostas ao longo do tempo. Também seria especialmente valioso se tivéssemos um relato detalhado das condições que levam a uma mudança terapêutica significativa. Se, por meio de um programa colaborativo, fosse possível manter registros de vários desses pacientes, poderíamos descobrir se uma discussão franca e detalhada das experiências dolorosas que um paciente se recorda de ter vivido em seus relacionamentos com seus pais e os efeitos dessas experiências na maneira como ele se relaciona com outras pessoas, incluindo, é claro, nós mesmos, promove a mudança terapêutica, como prevejo, ou a impede, como alguns analistas acreditam.

Naturalmente, ao embarcar nesse ou em qualquer outro programa de pesquisa, um analista deve ter em mente suas responsabilidades profissionais, pois o trabalho com pacientes que apresentam um falso *self* pode ser muito exigente. Winnicott descreve o "período de extrema dependência" pelo qual esses pacientes passam durante a terapia e adverte que "os analistas que não estão preparados para lidar com as intensas necessidades dos pacientes que se tornam dependentes dessa maneira devem ter cuidado ao escolher casos que não incluam tipos de falso *self*".

Isso me remete à arte da terapia. Proporcionar, sendo autênticos, as condições nas quais um paciente desse tipo possa descobrir e recuperar o que Winnicott chama de seu *self* real, que eu chamo de sentimentos e desejos de apego, não é fácil. Por um lado, é preciso ser realmente confiável e respeitar genuinamente todos esses anseios de afeto e intimidade que cada um de nós tem, mas que, nesses pacientes, desapareceram. Por outro, não devemos oferecer mais do que podemos dar e não devemos avançar mais rápido do que o paciente pode suportar. Alcançar esse equilíbrio requer toda a nossa intuição, imaginação e empatia. No entanto, também requer uma compreensão sólida dos problemas do paciente e do que estamos tentando fazer. É por isso que é tão importante esclarecer os problemas de etiologia e psicopatologia, tanto quanto possível, pela aplicação de métodos científicos e, além disso, que os analistas sejam amplamente informados sobre a ampla gama de experiências familiares, desde o nascimento até a adolescência, que, conforme evidências crescentes demonstram, afetam o desenvolvimento da vida emocional de uma criança. Somente quando estivermos equipados com esse conhecimento e muitos outros é que estaremos em condições de atender à demanda exigente que Freud pontua em um de seus últimos artigos, em que chama a atenção para "o cerne da verdade" nos sintomas de um paciente e para o valor terapêutico das construções em análise (1937). Nesse artigo, ele escreve: "Estamos à procura de um panorama dos anos esquecidos do paciente que seja igualmente digno de confiança e completo em todos os aspectos essenciais".

4
A psicanálise como ciência natural

No outono de 1980, fui nomeado professor visitante de psicanálise do Freud Memorial, no University College, em Londres. Em minha palestra inaugural, retomei o tema sobre o qual havia falado no Canadá dois anos antes. Como sempre acreditei que o corpo de conhecimento denominado psicanálise deveria se tornar parte da ciência natural, fiquei aflito com a resistência a essa ideia. Aceitar que a psicanálise abandonasse seu objetivo de se tornar uma ciência natural e se considerasse uma disciplina hermenêutica me pareceu não apenas o resultado de ideias obsoletas sobre ciência, como também uma admissão de derrota, pois, em uma disciplina hermenêutica, não há critérios que possam ser aplicados para resolver divergências.

Um problema encontrado por todo analista que propõe novas ideias teóricas é a crítica de que a nova teoria "não é psicanálise". Essa crítica, é claro, está relacionada à forma como definimos a psicanálise. Infelizmente, é muito comum defini-la em termos das teorias de Freud. Isso contrasta com as definições adotadas pelas disciplinas acadêmicas, sempre baseadas em fenômenos a serem estudados e em problemas a serem solucionados. Nessas disciplinas, o progresso é frequentemente sinalizado por mudanças teóricas, às vezes de modo revolucionário. Enquanto os analistas continuarem definindo a psicanálise em termos de uma teoria específica, não poderão reclamar que sua disciplina seja tratada com indiferença pelos acadêmicos. Além disso, ao defini-la assim, estão condenando a psicanálise à estagnação.

A versão seguinte desta palestra difere da original em vários aspectos, sobretudo por abreviar a discussão de questões já abordadas em palestras anteriores.

Entre 1895, quando Freud fez sua primeira tentativa de esboçar uma estrutura teórica para a psicanálise, e 1938, um ano antes de sua morte, ele estava convicto de que sua nova disciplina deveria se adequar aos requisitos de uma ciência natural. Assim, na frase inicial de seu *Projeto*, ele escreveu: "A intenção é oferecer uma psicologia que seja uma ciência natural..." (Freud, 1950, 295). Já no *Esboço*, encontramos uma passagem em que ele afirma que, uma vez que o conceito de processos psíquicos inconscientes seja demonstrado, "a psicologia está habilitada a tomar seu lugar como ciência natural como qualquer outra" (Freud, 1940, 158).

Na verdade, durante os anos intermediários, as ideias de Freud sobre o escopo de sua ciência mudaram consideravelmente. Ele deixou sua ambição inicial de "representar processos psíquicos como estados quantitativamente determinados de partículas de material específico" (1950, escrito em 1895) e passou a definir a psicanálise como "a ciência dos processos mentais inconscientes" (1925). No entanto, do começo ao fim, não há dúvida sobre o tipo de disciplina que Freud pretendia que a psicanálise fosse.

Apesar da intenção inabalável de Freud, o *status* científico da psicanálise ainda é vago. Por um lado, filósofos da ciência rotularam-na como pseudociência, devido ao fato de que as teorias psicanalíticas, por maior que seja a medida de verdade que possam conter, são apresentadas de forma tão flexível que não podem ser provadas falsas. Por outro, muitos psicanalistas, desiludidos com as inadequações da metapsicologia de Freud e preocupados com a perspectiva pessoal que é inerente ao trabalho clínico, abandonaram os objetivos e as reivindicações de Freud e declararam que a psicanálise é erroneamente considerada uma ciência e deveria ser concebida, em vez disso, como área de estudo dentro das humanidades. Exemplos desses pensadores incluem Home (1966), Ricoeur (1970) e outros na Europa. Tanto Schafer (1976) quanto George Klein (1976), que apoiavam essa visão, apresentaram propostas alternativas às de Freud. No entanto, cada uma dessas reformulações, apesar de suas diferenças, parece uma versão de *Hamlet* sem o príncipe. Todos os conceitos de causalidade e as teorias de impulso com bases biológicas foram abandonados, e, na versão de Schafer, também desapareceram os conceitos de repressão e atividade mental inconsciente.

Melanie Klein fez propostas muito diferentes, que certamente não sofrem desses defeitos; porém, seria difícil afirmar que a forma como elas se apresentam ou a pesquisa que elas geraram atendem aos requisitos científicos.

No entanto, nem todos os analistas perderam as esperanças de desenvolver sua disciplina como uma ciência natural. Conscientes das deficiências da metapsicologia de Freud, sobretudo em relação aos conceitos de energia psíquica e pulsão, alguns estão tentando substituí-la por um novo quadro conceitual consistente com o pensamento científico atual. No centro dessas novas propostas estão as ideias derivadas da teoria dos sistemas e do estudo do processamento de informações humano. Os defensores dessa abordagem incluem Rubinstein (1967), Peterfreund (1971, 1982), Rosenblatt e Thickstun (1977),

Gedo (1979) e eu mesmo (1969, 1980). Ao mesmo tempo, há vários analistas que buscam ampliar o banco de dados da disciplina estudando o desenvolvimento social e emocional das crianças por meio de observações diretas. Alguns desses estudos foram ateóricos, como o de Offer (1969). Alguns autores tentaram aplicar novas abordagens empíricas a teorias estabelecidas, como Spitz (1957), Mahler (Mahler, Pine, & Bergman, 1975). Outros, como Sander (1964, 1980), Stern (1977) e eu mesmo (1958, 1969, 1973), estão buscando novos modelos teóricos. Minha própria busca levou não apenas à teoria do controle e do processamento de informações, como também às disciplinas de bases biológicas da etologia e da psicologia comparativa. Assim, não faltam novas iniciativas, e levará tempo para determinar qual delas, ou talvez qual combinação delas, será mais produtiva para o avanço científico. Aqui, meu objetivo é descrever uma dessas iniciativas que eu mesmo desenvolvi e por que a considero promissora.

Em minha palestra anterior, descrevi as circunstâncias que me levaram a escolher como campo de pesquisa as respostas de uma criança pequena ao ser separada de sua mãe e colocada temporariamente em um ambiente estranho com pessoas desconhecidas e como essas observações levaram à formulação da teoria do apego. Uma das características essenciais dessa teoria é o fato de que bebês humanos nascem com uma predisposição genética a desenvolver um conjunto de padrões de comportamento que, em um ambiente adequado, resultará em maior ou menor proximidade com seus cuidadores. Essa tendência de manter proximidade tem a função de proteger o bebê e a criança em crescimento de uma série de perigos, com o perigo de predação provavelmente tendo sido o mais importante no ambiente de adaptação evolutiva do ser humano.

Um conceito que emergiu cedo sobre relacionamentos mãe–filho, com uma abordagem etológica (Ainsworth, 1967), e que tem se mostrado de grande valor clínico é o de uma mãe, ou mãe substituta, fornecendo à criança uma base segura a partir da qual ela possa explorar. Nos últimos meses do primeiro ano de vida, uma criança criada em um lar afetuoso comum tem certeza de quem prefere como cuidador, o que é especialmente evidente quando ela está cansada, assustada ou doente. Em geral, esse cuidador é a mãe, que é capaz, por sua presença e acessibilidade, de criar as condições necessárias para que a criança possa explorar seu mundo de maneira confiante. Por exemplo, uma criança saudável de 2 anos, cuja mãe está descansando em um banco de jardim, faz várias excursões para longe da mãe, sempre retornando antes de fazer a próxima. Em algumas ocasiões, ao retornar, ela pode simplesmente sorrir e demonstrar sua presença; em outras, pode apoiar-se no joelho da mãe ou até mesmo querer subir no colo dela. No entanto, a criança não fica muito tempo longe da mãe, a menos que esteja com medo, cansada ou acredite que a mãe está prestes a ir embora. Em um estudo realizado por Anderson (1972), em um parque de Londres, foi observado que, durante os 2 e os 3 anos, é muito raro uma criança se afastar mais de 60 metros antes de retornar. Quando perde a mãe de vista, a exploração é esquecida. Sua principal prioridade é reencontrar a mãe – no caso de crianças mais velhas, procurando-a, e de crianças mais novas, chorando.

É evidente que esse tipo de comportamento não pode ser explicado como uma acumulação de energia psíquica que é liberada. Um modelo alternativo (já descrito em palestras anteriores) é pensar na manutenção da proximidade de uma criança como sendo mediada por um conjunto de sistemas comportamentais organizados de forma cibernética. A ativação desses sistemas é intensificada em situações de dor, fadiga e qualquer coisa que seja assustadora, e é reduzida quando há proximidade ou contato com a figura materna. Podemos, então, postular que o comportamento que leva a criança para longe da mãe e em direção ao mundo, chamado convenientemente de comportamento exploratório, é incompatível com o comportamento de apego e tem uma prioridade menor. Portanto, é somente quando o comportamento de apego está relativamente inativo que a exploração ocorre.

À medida que uma pessoa envelhece, sua vida continua a ser organizada da mesma maneira, embora suas excursões se tornem cada vez mais longas, tanto em termos de tempo quanto de espaço. Ao entrar na escola, essas excursões podem durar horas e, posteriormente, dias.

Durante a adolescência, elas podem estender-se por semanas ou meses, e é provável que novas figuras de apego sejam procuradas. Ao longo da vida adulta, a presença de uma figura de apego atenciosa permanece como fonte do sentimento de segurança de uma pessoa. Desde o nascimento até a morte, todos somos mais felizes quando nossa vida é organizada como uma sequência de excursões, independentemente de sua duração, partindo da base segura fornecida por nossas figuras de apego.

Segundo o modelo teórico proposto, acredita-se que as mudanças significativas na organização do comportamento de apego que ocorrem durante o desenvolvimento individual são resultado, em parte, do aumento do limiar para sua ativação (possivelmente por alterações nos níveis endócrinos) e, em parte, dos sistemas de controle cada vez mais sofisticados, sobretudo ao incorporar modelos representativos do ambiente e de pessoas importantes nele, e do *self* como uma pessoa viva e ativa.

O desenvolvimento ontogenético de um conjunto de sistemas do tipo descrito em seres humanos, bem como em muitas outras espécies, é atribuído à ação da seleção natural. Indivíduos com potencial para desenvolver tais sistemas sobrevivem e se reproduzem com sucesso em comparação com aqueles menos capacitados. Em outras palavras, é resultado da evolução darwiniana. Tendo em vista que a disposição para exibir comportamento de apego em determinadas circunstâncias é considerada parte intrínseca da natureza humana, a referência a ela como "dependência" é não apenas enganosa, mas também seriamente inadequada, devido às conotações pejorativas da palavra.

Uma vez que o comportamento de apego e outras formas de comportamento determinadas biologicamente são concebidos em contextos de teoria de controle, o problema da intencionalidade do comportamento é resolvido sem abandonar o conceito de causalidade. Além disso, a distinção entre causalidade e função, tristemente negligenciada na teoria psicanalítica tradicional, torna-se explícita. A ativação do comportamento de apego, na qual o surgimento de uma emoção e sua expressão desempenham um papel crítico, e, subsequentemente, o término e a mudança do estado emocional são causados quando um sistema construído de maneira específica recebe informações de tipos específicos. Entre as várias consequências que surgem a partir da ativação, postula-se que sua função biológica é aquela que, sugerem as evidências, levou o sistema a evoluir durante a filogenia. No caso do comportamento de apego, a função postulada é reduzir o risco de o indivíduo sofrer danos.

Nesse ponto de análise, não tem relevância questionar se o indivíduo está consciente do que está fazendo, muito menos por que está fazendo algo. Na verdade, isso é tão relevante quanto o indivíduo estar consciente de que está respirando e, em caso afirmativo, compreender por que deve fazê-lo. Os sistemas biológicos que desempenham funções vitais, em nível comportamental ou fisiológico, devem ser capazes de operar de maneira automática. No entanto, no caso de uma criança humana, a consciência do que está fazendo, e, mais especificamente, a consciência das condições que acabarão com seu comportamento, logo surge, geralmente no final de seu primeiro ano de vida, sendo um fator de grande importância. Quando fica claro que uma criança está ciente das condições que acabarão com seu comportamento, começamos a falar de intenção, do desejo da criança de atingir determinado objetivo, de sentir-se satisfeita e feliz quando o faz e frustrada, ansiosa ou zangada quando falha, com satisfação trazendo prazer e frustração resultando no oposto.

Nesse ponto, desejo enfatizar a distinção clara entre as condições necessárias para encerrar determinado comportamento, comumente referido como seu objetivo, e a função biológica a que o comportamento serve. No caso do comportamento de apego na infância, embora normalmente esperemos que tanto a mãe quanto a criança estejam cientes das condições necessárias para encerrá-lo, como uma certa proximidade, não esperamos que haja consciência da função. O mesmo se aplica aos comportamentos alimentar e sexual. A maioria de nós sabe que comer vai saciar nossa fome e trazer prazer, mas apenas os mais sofisticados se preocupam com sua função nutricional. Da mesma forma, o desejo sexual pode ser experimentado sem consciência da função reprodutiva. Em ambos os casos, a maioria está preocupada apenas com o impulso de se comportar de determinada maneira e com o prazer antecipado e recebido ao atingir as condições (ou metas), e não com a função biológica a que o comportamento pode servir. Na verdade, muitas vezes, quando nos sentimos emocionalmente impulsionados a agir de certo modo facilmente explicável em termos de função biológica, inventamos "razões" para nosso comportamento que têm pouca ou nenhuma relação com as causas de nossas ações. Por exemplo, uma criança ou um adulto que, para reduzir o risco, está biologicamente predisposto a responder a sons estranhos no escuro, buscando sua figura de apego, pode atribuir isso ao medo de fantasmas. Isso é semelhante aos "motivos" inventados por alguém para seu comportamento que age de acordo com uma sugestão pós-hipnótica sem ter consciência disso.

A distinção que estabeleci entre a função desempenhada por uma forma específica de comportamento e nosso conhecimento e esforço para alcançar as condições que encerram esse comportamento é um dos critérios que diferenciam o reino biológico do psicológico. Outra distinção importante é aquela entre o sistema comportamental, considerado como um dado biológico, juntamente a algumas (embora não todas) das condições que o ativam e encerram, e nossa consciência do impulso de alcançar determinado objetivo e nosso esforço para encontrar meios de fazê-lo. Anteriormente, observei que, ao compreender o desenvolvimento individual, é necessário considerar tanto o ambiente em que cada indivíduo se desenvolve quanto os potenciais genéticos com os quais ele é dotado. O referencial teórico mais apropriado para esse propósito é o do percurso desenvolvimental proposto pelo biólogo C.H. Waddington (1957).

Dentro dessa estrutura, a personalidade humana é concebida como uma estrutura que continua a se desenvolver ao longo de uma série de caminhos distintos e possíveis. Acredita-se que todos esses caminhos comecem juntos, de modo que, teoricamente, um indivíduo tenha acesso a uma ampla variedade de caminhos que ele poderia seguir. O escolhido, argumenta-se, ocorre em cada estágio por meio da interação entre o organismo conforme ele se desenvolveu até aquele momento e o ambiente em que se encontra. Assim, na concepção, o desenvolvimento ocorre por meio da interação entre o genoma recém-formado e o ambiente intrauterino; ao nascer, ocorre pela interação entre a constituição biológica do recém-nascido, incluindo sua estrutura mental embrionária, e a família, ou não família, na qual ele nasce. Sucessivamente, em cada idade, o desenvolvimento depende das estruturas de personalidade então presentes, da família e, posteriormente, do ambiente social mais amplo.

Na concepção proposta, o conjunto completo de caminhos potencialmente abertos para um indivíduo é determinado pela composição de seu genoma. À medida que o desenvolvimento avança e as estruturas se diferenciam progressivamente, o número de caminhos que permanecem abertos diminui.

Uma variável fundamental no desenvolvimento de cada personalidade individual é, acredito, o caminho pelo qual o comportamento de apego é organizado, e esse caminho é determinado de modo significativo pela maneira como as figuras parentais trataram a pessoa não apenas durante seus primeiros anos, como também ao longo de toda a sua infância e sua adolescência. Um dos principais meios pelos quais essas experiências influenciam o desenvolvimento da personalidade é por meio de seus efeitos na forma como a pessoa constrói o mundo ao seu redor e nas expectativas que ela tem em relação ao comportamento das pessoas às quais ela pode se apegar. Essas expectativas são derivadas dos modelos de representação dos pais, que são construídos durante a infância. As evidências sugerem que esses modelos tendem a persistir de forma relativamente inalterada em um nível inconsciente e são reflexos muito mais precisos de como os pais realmente trataram a pessoa do que se supõe na visão tradicional. Dentro dessa estrutura, os desvios de comportamento e os sintomas neuróticos são concebidos como resultado de interações que ocorreram e que ainda podem estar ocorrendo entre a personalidade da pessoa, conforme ela se desenvolveu até o momento, e a situação em que ela está atualmente.

Vamos fazer uma pausa por um momento. Até agora, ao esboçar o quadro conceitual que defendo, certamente falei o suficiente para que você veja vários pontos em que ele difere do tradicional. Por exemplo, a teoria da motivação avançada difere radicalmente da teoria freudiana da energia psíquica e dos impulsos, ao passo que a teoria do percurso desenvolvimental difere em grau semelhante das teorias de fases libidinais, de fixação e de regressão. Além disso, o conceito de comportamento de apego é considerado distinto, mas de igual importância, dos comportamentos alimentar e sexual, sendo uma característica presente ao longo da vida. Onde estão as origens dessas diferenças?

Durante o período em que Freud estava desenvolvendo seu pensamento, ele demonstrava profundo interesse por biologia e buscava formular uma teoria psicológica consistente com o pensamento biológico da época. Isso o levou a explorar as ideias de Darwin e outros evolucionistas da época. Naquela época, na virada do século, a teoria da variação e da seleção natural de Darwin, como agentes da evolução, ainda não era amplamente aceita como é hoje. Em vez disso, as teorias de Lamarck sobre a herança de características adquiridas e a influência do "sentimento profundo de necessidade" de um animal em sua estrutura eram populares. Além disso, a lei biogenética de Haeckel, que afirmava que a ontogenia recapitulava a filogenia, ignorava o fato de que as pressões seletivas operam em todas as fases do ciclo de vida e que novas espécies muitas vezes surgem de formas imaturas das anteriores (neotenia). Freud, como sabemos, foi profundamente influenciado por Lamarck e Haeckel e recomendou repetidamente suas ideias a seus alunos.* Como resultado, grande parte de sua metapsicologia e toda a sua psicologia do desenvolvimento basearam-se em princípios que já haviam sido abandonados pelos biólogos há muito tempo.

Portanto, se a psicanálise deseja se tornar uma ciência natural baseada em sólidos princípios biológicos, conforme Freud pretendia,

---

*Sobre a adesão de Freud às ideias lamarckianas, consultar o Volume 3, Capítulo 10, da biografia de Freud escrita por Ernest Jones (Jones, 1957). Para compreender a influência da lei biogenética de Haeckel, ver a extensa nota editorial de James Strachey em sua tradução de *Moisés e o monoteísmo*, de Freud (SE 23,102), sobretudo a pesquisa de Frank Sulloway sobre as origens da metapsicologia de Freud (Sulloway, 1979).

existem razões convincentes para realizar mudanças drásticas em pelo menos algumas de suas suposições básicas. A estrutura que estou apresentando, baseada nos princípios neodarwinistas e no trabalho atual em psicologia do desenvolvimento e no processamento de informações humano, é uma tentativa nesse sentido.

Embora a psicanálise seja considerada uma disciplina de desenvolvimento, acredito que não seja mais fraca do que seus conceitos de desenvolvimento. Muitos dos conceitos mais influentes, como o das fases libidinais, derivam diretamente de Haeckel. Assim, em suas *Conferências introdutórias* de 1916-1917, Freud enfatiza que o desenvolvimento tanto do ego quanto da libido deve ser entendido como "recapitulações abreviadas do desenvolvimento pelo qual toda a humanidade passou desde seus primeiros dias" (Freud, 1917, 354). Além disso, o desenvolvimento da libido é visto em termos de filogenia e das várias formas assumidas pelo aparelho genital em animais. Em um estudo de caso publicado na mesma época, Freud atribui as ideias de uma pessoa quanto a "observar a relação sexual dos pais, ser seduzida na infância e ser ameaçada de castração... [a] um legado hereditário, uma herança filogenética". Freud afirma também que o complexo de Édipo está entre os "esquemas herdados filogeneticamente" (Freud, 1918, 97 e 119). Todas essas ideias são repetidas em seu trabalho final (p. ex., Freud, 1939, 99).

Atualmente, pode ser que poucos analistas subscrevam as formulações originais de Freud. Ainda assim, não pode haver dúvida de sua influência profunda não apenas sobre o que é ensinado, mas também sobre as suposições predominantes de como promover melhor nossa compreensão do desenvolvimento emocional e social. Assim, ainda se dá destaque às reconstruções baseadas no que é observado e inferido durante as sessões de tratamento, juntamente a uma relutância persistente, embora enfraquecida, em dar uma atenção séria ao trabalho extremamente importante realizado no campo da psicologia do desenvolvimento. Como mencionei, em muitas publicações anteriores, destaquei a relevância desse trabalho, e acredito que todos os conceitos de desenvolvimento da psicanálise precisarão ser reexaminados, e a maioria deles será, no devido tempo, substituída por conceitos atualmente aceitos entre aqueles que estudam o desenvolvimento de vínculos afetivos em bebês e crianças pequenas por meio de observação direta. A compreensível reserva com a qual muitos clínicos encaravam esse tipo de trabalho no passado seria dissipada, acredito, se eles se familiarizassem com as observações e as ideias de líderes atuais no campo, como Mary Ainsworth (1977), John e Elizabeth Newson (1977) e Colwyn Trevarthen (1979).

Embora muitos teóricos analíticos pareçam desconhecer o valor ou mesmo a existência desses estudos, fico feliz em dizer que há um número crescente de terapeutas analíticos que os utilizam em seus tratamentos de pacientes. Portanto, vamos nos voltar para o campo clínico e considerar o relato de um analista da Califórnia sobre o tratamento de uma paciente cujos problemas ele atribuiu, corretamente, creio eu, aos eventos que se seguiram ao divórcio de seus pais e ao longo período em que ela esteve em uma instituição durante seus 5 a 6 anos. Esse relato* não apenas ilustra os tipos de problemas pessoais angustiantes que podem surgir dessas experiências, incluindo intensa ambivalência, mas também levanta questões sobre como os aspectos de defesa e afeto são respondidos no quadro conceitual que estou propondo.

> A Sra. G iniciou a análise devido a se sentir irritada, deprimida e repleta, como ela disse, de ódio e maldade. Além disso, ela se sentia distante emocionalmente do marido e questionava sua capacidade de amar alguém.
>
> A Sra. G tinha 3 anos quando seus pais se divorciaram. Seu pai saiu de casa, e sua mãe, que começou a trabalhar muitas horas, tinha pouco tempo para a filha. Um

---

*O relato aqui apresentado deriva da contribuição de Thomas Mintz para um simpósio organizado pela American Psychoanalytic Association, sobre os efeitos da perda objetal em adultos durante os primeiros cinco anos de vida (Mintz, 1976).

ano depois, aos 4 anos, a mãe colocou-a em um orfanato, onde ela permaneceu por longos 18 meses. A partir daí, mesmo após retornar para casa com a mãe, as relações familiares continuaram conturbadas e infelizes. Como resultado, a Sra. G saiu de casa na adolescência e, antes dos 21 anos, já havia se casado e se divorciado duas vezes. Seu atual marido era o terceiro.

Nas fases iniciais da análise, a Sra. G mostrava uma grande relutância em relembrar os acontecimentos dolorosos de sua infância. Quando finalmente o fez, começou a chorar e soluçar. No entanto, o analista a encorajou a refletir mais sobre essas lembranças e a explorá-las em detalhes, pois acreditava que isso a ajudaria. Ao mesmo tempo, ele dedicou uma atenção semelhante ao relacionamento dela consigo mesmo, no qual todas as dificuldades interpessoais que ela teve em outros relacionamentos íntimos se manifestavam, como era de esperar.

Entre muitas outras lembranças dolorosas de sua infância, a Sra. G. recordou como se sentiu triste ao ser separada de seus animais de estimação quando foi mandada para o orfanato. Às vezes, ela sonhava com seu tempo lá e tinha a sensação de estar sobrecarregada. Ela se lembrava de se sentir muito pequena entre as muitas crianças, da falta de brinquedos, do tratamento duro que recebia e de como, às vezes, se comportava mal deliberadamente para levar uma palmada [o que ao menos significava receber alguma atenção – J.B.].

Após quatro anos de análise, as dificuldades financeiras da Sra. G a levaram à decisão de interromper o tratamento em seis meses. Inevitavelmente, os conflitos emocionais que ela vivenciava em seu relacionamento com o analista se intensificaram. Agora, ela sonhava e devaneava mais abertamente com ele. Desde o início, ela percebera que a separação seria dolorosa. As separações sempre a deixaram com raiva e, como ela expressa agora, "a raiva me entristece porque significa o fim... Receio que você me abandone, me 'chute' ou me mande embora". O analista lembrou-a de como ela se sentiu quando foi enviada para o orfanato. Lutando para se considerar autossuficiente, ela explicou: "Estou me segurando... estou cuidando de mim sozinha".

Alguns meses depois, quando o término se aproximava, a paciente relacionou como se sentia em relação ao analista com o que havia sentido anteriormente em relação à mãe: "Não quero me separar da minha mãe – não quero deixá-la ir – ela não vai se livrar de mim". Nesse estágio de sua análise, seu anseio ativo por amor e cuidado havia retornado junto à sua raiva em relação àqueles que lhe negaram essas necessidades. A mudança radical que ocorreu nessa mulher foi confirmada em outros episódios. Por exemplo, nos primeiros dias da análise, seu gato havia morrido, mas ela se sentia indiferente em relação a isso. Como ela colocou: "Se eu deixar isso me machucar, vou ficar triste com tudo. Isso vai desencadear todo o resto". No entanto, agora, no final da análise, quando outro gato morreu, ela chorou.

Embora a terapia tenha restaurado a vida afetiva dessa paciente e tenha resultado em sua capacidade de melhorar os relacionamentos, incluindo a relação com a mãe, um acompanhamento realizado cinco anos depois revelou, como era de esperar, que ela ainda permanecia vulnerável a situações que despertavam ansiedade e tristeza, como separação e perda.

Vamos examinar a mudança que ocorreu nessa mulher, cuja condição clínica pode ser descrita como esquizoide (Fairbairn, 1940), falso *self* (Winnicott, 1960, 1974) ou narcisista (Kohut, 1971). Antes da análise, ela se sentia emocionalmente distante e se perguntava se seria capaz de amar alguém; uma perda a deixou indiferente. Agora, ela havia percebido o quanto ansiava profundamente por amor e cuidado e como sentia raiva por não receber isso; uma perda a levou às lágrimas. Assim, em situações em que antes faltavam, agora surgiam respostas carregadas de profundo afeto.

Para explicar essa mudança, as interpretações tradicionais costumam usar uma metáfora hidráulica: o afeto foi represado e agora foi liberado. O bloqueio é considerado uma defesa contra uma quantidade excessiva de excitação que corre o risco de sobrecarregar o ego. Outras explicações invocam processos postulados como ocorrendo na primeira infância, como fixação em uma fase de narcisismo ou uma divisão no ego resultante da projeção de um instinto de morte.

Uma explicação da condição da Sra. G que acredito estar muito mais próxima de nosso conhecimento atual sobre o desenvolvimento inicial de vínculos afetivos e consistente com o que sabemos sobre o processamento de informações humano é a seguinte: devido à dor intensa que ela sofreu durante os primeiros anos como resultado da frustração prolongada e, provavelmente, repetida de seu comportamento de apego, vivenciada como frustração de seu desejo urgente de amor e cuidado, o(s) sistema(s) comportamental(is) que governa(m) seu comportamento de apego foram desativados e permaneceram assim, apesar de sua vontade ser oposta. Como resultado, os desejos, os pensamentos e os sentimentos, que são parte integrante do comportamento de apego, estavam ausentes de sua consciência. Essa desativação pode ser entendida como resultado da exclusão seletiva do processamento de qualquer informação que, ao ser computada, levasse à ativação do sistema.

A exclusão seletiva postulada, como aponta o trabalho experimental recente, está nas capacidades de nosso aparato cognitivo (Dixon, 1971; Erdelyi, 1974), que chamo de exclusão defensiva. Ela requer atividade cognitiva constante em um nível inconsciente. O fato de os sistemas comportamentais permanecerem intactos e poderem, em princípio, ser ativados e, portanto, ocasionalmente apresentarem ativação breve ou incipiente pode explicar todos os fenômenos que levaram Freud a desenvolver suas ideias sobre um inconsciente dinâmico e a repressão. De fato, a exclusão defensiva que estou postulando não é mais do que repressão sob outro nome, um mais adequado ao quadro conceitual adotado aqui.

O processo de mudança terapêutica dessa paciente pode ser entendido como resultado de ela estar, graças à base relativamente segura fornecida pelo analista, desenvolvendo coragem suficiente para permitir que algumas das informações previamente excluídas sejam processadas. Isso inclui informações da situação atual, como evidências da preocupação genuína do analista em ajudar sua paciente, bem como os pensamentos, os sentimentos e os comportamentos conflitantes que isso desperta, além de informações armazenadas na memória, como as de eventos muito dolorosos da infância e os pensamentos, os sentimentos e os comportamentos despertados por eles. Em geral, as informações das duas fontes são recuperadas em uma cadeia em que as informações do presente, sobretudo a transferência, se alternam com as informações do passado, cada elo levando ao próximo. Uma vez que a informação relevante é aceita, o comportamento de apego é reativado, junto aos impulsos, desejos, pensamentos e sentimentos que o acompanham. Em termos tradicionais, o inconsciente tornou-se consciente, e os impulsos e os afetos reprimidos foram liberados.

Não é incomum, como no caso dessa paciente, que um analista tenha a tarefa de chamar a atenção de um paciente para memórias que ele acredita serem importantes e incentivá-lo a refletir sobre elas, em vez de ignorá-las. Ao fazer isso, o analista é guiado por quaisquer teorias de desenvolvimento da personalidade e psicopatologia que ele possa adotar. Esse é um ponto em que os analistas de diferentes escolas divergem. Para alguns, os eventos considerados importantes podem se referir à alimentação, ao desmame e às fantasias associadas a eles durante os primeiros meses de vida; para outros, ao treinamento do uso do banheiro ou à experiência da cena primária durante o segundo ano; e, para outros, a situações e desejos edipianos durante o terceiro ou quarto ano. No caso da Sra. G, o analista baseou-se em seu conhecimento sobre as reações de crianças pequenas a eventos que envolvem separação prolongada da mãe durante vários dos primeiros anos.

É amplamente reconhecido que nem toda criança que esteve em uma instituição por 18 meses durante os 5 a 6 anos se desenvolve psicologicamente da mesma forma que a Sra. G. No caso dela, outros fatores provavelmente entraram em ação. Ao considerar quais fatores poderiam ter sido, sou influenciado pelas observações que a Sra. G fez durante as fases finais da análise, como seu medo de que o analista a "expulse" ou "a mande embora" e a lembrança de sua determinação em pensar que a mãe não "se livraria" dela. Isso sugere que, como método de disciplinar a filha, a mãe pode ter repetidamente usado ameaças de mandá-la de volta para a instituição, ameaças que, conforme outras evidências mostram, não são incomuns e não apenas têm um efeito aterrorizante em uma criança pequena, mas provavelmente também geram ódio intenso nela. Quanto mais conhecimento um analista tiver sobre as condições da infância que podem levar a um transtorno do desenvolvimento, melhor ele poderá compreender e ajudar seus pacientes. Inevitavelmente, as lembranças espontâneas ou guiadas de um paciente sobre sua infância têm apenas valor sugestivo como evidência sobre as teorias do desenvolvimento da personalidade. O que um paciente relata sobre sua infância e, sobretudo, o que um analista subsequentemente relata sobre o que seu paciente disse são provavelmente influenciados tanto ou mais pelos preconceitos do analista quanto pelo que o paciente disse ou fez. Por isso, considero indispensável para o progresso o estudo sistemático da observação direta de crianças que se desenvolvem em diferentes padrões de cuidado familiar. No entanto, também acredito que as observações feitas durante a terapia ainda têm um potencial de pesquisa considerável, embora esse potencial não seja realizado a menos que os estudos sejam conduzidos em linhas muito mais sistemáticas do que têm sido comum até agora e os dados obtidos durante a terapia sejam constantemente comparados com dados provenientes de outras fontes.

A força de pesquisa na situação terapêutica reside não no que ela revela sobre o passado do paciente, mas sim nos distúrbios do funcionamento da personalidade no presente, sobretudo, eu diria, na incapacidade de uma pessoa de estabelecer vínculos seguros e nas condições que podem ajudar a amenizar esses distúrbios. O caso da Sra. G pode servir como introdução a uma proposta de pesquisa, pois há muitos aspectos, tanto no transtorno de personalidade que ela apresenta quanto no curso de sua análise, que temos motivos para acreditar que são bastante típicos.

Com base em relatos de casos existentes na literatura, seria possível fazer diversas generalizações que poderiam ser tratadas como previsões a serem testadas em trabalhos terapêuticos futuros com pacientes que apresentam características clínicas semelhantes. Todas essas previsões, que estariam condicionadas ao padrão específico de terapia adotado,* poderiam ser expressas em termos do que pode ser observado diretamente. Elas incluiriam declarações sobre como se espera que um paciente se comporte em relação ao analista, os assuntos sobre os quais se espera que ele fale ou evite falar, o tipo de afeto que se espera que ele demonstre ou não e em que situações. Seriam de interesse especial as mudanças de comportamento, de assunto e de afeto que seriam esperadas em relação a certos tipos de eventos atuais, tanto aqueles que ocorrem na vida cotidiana do paciente quanto aqueles que ocorrem na própria análise. Eventos deste último tipo incluiriam o comportamento do analista, o que ele fala e como ele fala, com aten-

---

*A técnica de análise adotada por Mintz parece ter muitos pontos em comum com a adotada no Reino Unido por Donald Winnicott; ver o relato de Guntrip (1975).

ção especial para interrupções na análise devido a feriados, doença ou outras circunstâncias. A gravação das sessões, a fim de evitar relatórios tendenciosos, seria, obviamente, necessária.

Seguindo os procedimentos propostos, seria possível, ao longo do tempo, reunir conjuntos de dados comparáveis de duas fontes. Um conjunto de dados seria reunido por meio da observação direta do desenvolvimento e do padrão de vínculos afetivos durante a infância de crianças que vivenciam diferentes tipos de cuidado. O outro conjunto também seria obtido pela observação direta de mudanças no padrão dos vínculos afetivos durante o curso de determinado tipo de terapia. Desde que os modelos conceituais usados para fazer ambos os conjuntos de observações e as questões que cada conjunto aborda sejam os mesmos, os resultados podem ser comparados, e as hipóteses sobre o desenvolvimento podem ser testadas.

Esse é apenas um modo pelo qual a psicanálise, como um corpo de conhecimento sobre o desenvolvimento da personalidade e a psicopatologia, pode se tornar a ciência natural que Freud sempre pretendeu que fosse.

Acredito que o modelo conceitual apresentado aqui serve para acomodar uma proporção significativa dos dados que a psicanálise considerou em seu domínio e já orienta programas produtivos de pesquisa (p. ex., Parkes & Stevenson-Hinde, 1982). Esse modelo tem a vantagem de ser compatível com a biologia evolutiva e a neurofisiologia, e promete maior economia e consistência interna em comparação com as abordagens tradicionais. No entanto, só podemos conhecer seus pontos fortes e fracos por meio de testes extensivos de sua capacidade de resolver problemas ainda não estudados, incluindo, por exemplo, questões de desenvolvimento e desvio sexual, bem como uma análise muito mais intensiva de sua utilidade na solução dos problemas já tratados.

Por fim, vamos considerar as questões levantadas por aqueles que afirmam que a psicanálise não é e nunca poderá ser uma ciência natural. Descobrimos que esse argumento decorre da crença de que o método científico é inseparável do positivismo lógico e do reducionismo. Embora defendido com confiança e frequentemente de forma dogmática no início do século anterior, esse modelo de ciência foi descartado e substituído por uma filosofia de epistemologia evolutiva (Popper, 1972; Latakos, 1974). Essa abordagem sustenta que todo conhecimento é conjectural e que a ciência progride por meio de novas teorias que substituem as mais antigas, quando fica claro que uma nova teoria pode dar sentido a um conjunto maior de fenômenos do que os compreendidos e explicados por uma teoria mais antiga, além de poder prever novos fenômenos com maior precisão.* Esse mesmo método é considerado aplicável em todas as ciências teóricas ou generalizantes, independentemente de lidarem com fenômenos físicos, biológicos ou sociais. Além disso, uma vez que compreender fenômenos em qualquer nível de complexidade requer conceitos apropriados a esse nível, a ideia de que fenômenos complexos devem ser explicados em termos de conceitos apropriados a um nível inferior de complexidade, ou seja, o reducionismo, agora é reconhecida como falaciosa. Holt (1981), Blight (1981) e Radford (1983) discutem habilmente a aplicação dessas novas ideias ao nosso campo.

Embora o método científico seja inestimável para obter conhecimento relativamente confiável, resolver diferenças de opinião e fazer previsões úteis, suas limitações são consideráveis. Uma delas é que *a ciência lida com generalidades, mas tem pouco a dizer sobre eventos específicos singulares*. Essa distinção é vital, como apontado pelo físico Weisskopf (1981). Nas ciências físicas, isso não importa, pois físicos e engenheiros não têm interesse no destino de átomos ou moléculas específicas. No entanto, nas ciências biológicas, isso é relevante, pois os biólogos frequentemente se interessam por organismos individuais, que são únicos. Além disso, em algumas ciências humanas, o exemplo individual é a própria essência do caso. Por exemplo, ao lidar com sociedades, pessoas ou ideias, a história está sempre envolvida em uma sequência extremamente complexa de eventos interativos altamente

---

*O critério de falsificação anteriormente enfatizado por Popper não recebe mais tanto destaque, embora a avaliação contínua de previsões teóricas, em comparação com uma matriz cada vez maior de dados observados, ainda seja central.

específicos que nenhuma ciência pode explicar adequadamente, muito menos prever. Portanto, a distinção entre ciências naturais e ciências históricas não reside no fato de usarem métodos diferentes para adquirir conhecimento, mas sim nas questões que elas buscam entender e nos critérios que adotam, sendo estes bastante diferentes. Enquanto as ciências naturais se preocupam em formular leis gerais em termos de probabilidades, as ciências históricas buscam compreender eventos específicos e singulares com o máximo de detalhes possível. Essa distinção é fundamental para todo o argumento.

Sob o rótulo de "psicanálise", estão ocorrendo esforços de duas disciplinas complementares, que buscam viver e se desenvolver. Ao tentarmos compreender os princípios gerais responsáveis pelo desenvolvimento da personalidade e pela psicopatologia, necessários para entender, por exemplo, quais formas de cuidado infantil tendem a influenciar os tipos de formação da personalidade, adotamos os critérios das ciências naturais. O mesmo acontece quando buscamos compreender as características essenciais de uma terapia eficaz. Nessas áreas, lidamos com probabilidades estatísticas. Na medida em que nos preocupamos em compreender os problemas pessoais de um indivíduo e quais eventos podem ter contribuído para o seu desenvolvimento – necessário se quisermos ajudá-lo (embora longe de ser o suficiente) –, adotamos os critérios das ciências históricas. Cada abordagem contribui para nossa compreensão, mas, como mencionei na palestra anterior, só poderemos progredir se tivermos clareza sobre o que pertence a cada uma dessas abordagens.

5
Violência na família

Na primavera de 1983, fui convidado para apresentar a 31ª Conferência Anual Karen Horney, organizada pela Association for the Advancement of Psychoanalysis (Associação para o Avanço da Psicanálise), na cidade de Nova York. A principal razão que me levou a escolher o tema "violência na família" foi que algumas pesquisas, usando a perspectiva da teoria do apego, começavam a lançar alguma luz sobre esse problema trágico e intrigante, que até um período muito recente vinha sendo significativamente negligenciado por quase todos os profissionais da saúde mental, inclusive eu mesmo.

Introdução

Parece-me que, como psicanalistas e psicoterapeutas, temos sido terrivelmente vagarosos em enfocar as muitas consequências do comportamento violento entre os membros da família, sobretudo a violência dos pais. Esse tema na literatura analítica e em programas de formação vem se destacando por sua ausência. No entanto, agora há evidências abundantes não apenas de que é muito mais comum do que se supunha até agora, como também de que é uma das principais causas contribuintes de vários transtornos psiquiátricos angustiantes e confusos. Além disso, como a violência gera violência, essa característica nas famílias tende a se perpetuar de uma geração para a próxima.

A negligência da violência familiar como fator causal em psiquiatria pelos clínicos – embora, é claro, não seja o caso dos assistentes sociais – é um tema que merece um estudo em si mesmo e não pode ser abordado aqui. No entanto, o foco dos círculos analíticos em fantasias e a relutância em examinar o impacto de eventos da vida real têm muito a ver com isso. Desde que Freud fez sua famosa – e, na minha opinião, desastrosa – mudança de opinião em 1897, quando decidiu que as seduções na infância que ele acreditava serem etiologicamente importantes eram apenas produtos da imaginação de seus pacientes, atribuir a psicopatologia a experiências da vida real tornou-se algo extremamente impopular. Segundo a sabedoria convencional, não é trabalho do analista considerar como os pais de um paciente realmente o trataram, muito menos considerar a possibilidade, mesmo a probabilidade, de que um paciente possa ter sido alvo das palavras e dos atos violentos de um ou de ambos os pais. Muitas vezes, disseram-me que concentrar a atenção nessas possibilidades é ser seduzido pelas histórias preconceituosas dos pacientes, tomar partido e fazer bodes expiatórios de pais perfeitamente decentes, e, de qualquer maneira, afirma-se que isso não poderia ajudar o paciente; na verdade, seria antiterapêutico. Foi, em grande parte, devido ao tabu existente nos círculos analíticos sobre o comportamento adverso dos pais em relação aos filhos que, quando comecei meu trabalho profissional, decidi focar minha pesquisa nos efeitos em crianças de outros tipos de eventos da vida real, como a separação e a perda.

É evidente que Karen Horney, em cuja homenagem estamos reunidos hoje, não compartilhava desses preconceitos. Na verdade, é o oposto, ela era bastante explícita ao atribuir muitos dos problemas de seus pacientes às influências adversas que encontraram na infância.

Nas primeiras páginas de seu livro *Neurose e crescimento humano* (1951), ela descreve que essas influências adversas "são resultado do envolvimento das pessoas do ambiente em suas próprias neuroses, o que as impede de amar a criança e de reconhecê-la como o indivíduo único que ela é...". Ela prossegue, listando algumas das muitas maneiras pelas quais, infelizmente, os pais podem exercer influência prejudicial sobre seus filhos. No entanto, eu sei muito bem que suas opiniões nem sempre foram bem recebidas por seus colegas.

Atualmente, a cena está mudando, embora ainda de maneira muito lenta. Por exemplo, é inegável que muitas crianças são vítimas de violência física por parte dos pais, seja de forma verbal, física ou ambas. Do mesmo modo, muitas mulheres sofrem violência doméstica, seja do marido ou do namorado. Além disso, nosso horror diante do comportamento dos pais é hoje amenizado pelo nosso conhecimento crescente sobre o tipo de infância que eles próprios tiveram. Embora o horror em relação aos atos seja inevitável, um maior entendimento sobre como esses pais chegaram a agir de maneira violenta evoca compaixão, em vez de culpa. Em vez de desejar culpar os pais, buscamos agora formas de ajudá-los. Longe de negar que os pais às vezes se envolvem em comportamentos horríveis, buscamos maneiras de ajudar as vítimas, tanto os mais velhos quanto os jovens, tanto psicológica quanto fisicamente. Acima de tudo, estamos em busca de maneiras de prevenir que padrões violentos se repitam em novas famílias. Esperamos que a política de avestruz tenha chegado ao fim.

Estrutura conceitual

Ao buscar compreender os exemplos mais extremos de violência na família, é relevante, em primeiro lugar, considerar o que sabemos sobre os exemplos mais moderados e comuns de membros da família manifestando raiva entre si. Crianças pequenas, muitas vezes as mais velhas também, sentem ciúmes da atenção que a mãe dá ao novo bebê.

Casais apaixonados discutem quando um deles acredita que o outro está olhando para outra pessoa, e o mesmo acontece após o casamento. Além disso, uma mulher pode ficar muito irritada com o filho se ele fizer algo perigoso, como correr para a rua, bem como com o marido, caso ele coloque sua vida ou sua segurança em risco de modo desnecessário. Dessa forma, é natural que, quando o relacionamento com uma pessoa amada é ameaçado, sintamos ansiedade, bem como irritação. Ansiedade e raiva andam juntas em resposta ao risco de perda. De fato, não é mera coincidência que, na língua inglesa, elas compartilhem a mesma origem etimológica.

Nas situações descritas, a raiva muitas vezes desempenha um papel funcional. Quando uma criança ou um cônjuge se comporta de maneira perigosa, uma manifestação irritada pode ser capaz de dissuadir tal comportamento. Quando o parceiro de um amante se afasta, um lembrete forte de quanto ele ou ela se importa pode ter efeitos muito positivos. Quando uma criança se sente negligenciada em relação ao novo bebê, expressar seus direitos de forma assertiva pode restabelecer o equilíbrio. Assim, em circunstâncias adequadas, na hora certa e com moderação, a raiva não apenas é apropriada, como pode ser essencial. Ela serve para evitar comportamentos perigosos, afastar um rival ou influenciar um parceiro. Em cada situação, o objetivo da raiva é o mesmo: proteger um relacionamento que tem um valor muito especial para a pessoa irritada.

Sendo assim, é necessário entender por que determinados relacionamentos, com frequência chamados de relacionamentos libidinais, tornam-se tão importantes em nossas vidas.

Em suas tentativas de solucionar esse problema, Freud recorreu à física e à biologia de sua época. Os relacionamentos libidinais, segundo Freud, eram consequência das necessidades individuais por comida e sexo. Posteriormente, para explicar algumas das manifestações mais complexas da raiva, ele avançou para além da biologia, propondo o conceito de um instinto de morte. Essas hipóteses, focadas na acumulação e na descarga de energias psíquicas, conduziram a uma metapsicologia tão distante da observação clínica e da experiência que afastou muitos clínicos analistas da abordagem psicanalítica, implícita ou explicitamente. Em resposta, surgiram duas escolas de pensamento distintas. Uma se afastou totalmente da psicanálise baseada na biologia e dispensou completamente o método científico e, em vez disso, adotou a hermenêutica. Já a outra, oposta a essa, explorou os princípios da biologia moderna, totalmente diferentes dos da época de Freud, buscando consonância com nossas observações clínicas e, portanto, podendo ser utilizados para construir uma nova metapsicologia ou uma estrutura conceitual, como seria chamado agora. É nesse caminho que eu e muitos outros profissionais estamos seguindo.

Os relacionamentos específicos que podem desencadear a raiva são de três tipos principais: relacionamentos com um parceiro sexual (namorado, namorada ou cônjuge), relacionamentos com os pais e relacionamentos com os filhos. Cada tipo de relacionamento é permeado por emoção intensa. De fato, a vida emocional de uma pessoa, em grande medida – o tom subjacente de como ela se sente –, é determinada pelo estado desses relacionamentos comprometidos e de longo prazo. Quando esses relacionamentos estão saudáveis, a pessoa sente-se satisfeita; entretanto, ao serem ameaçados, ela pode ficar ansiosa ou até com raiva. Se a pessoa coloca esses relacionamentos em risco, por suas próprias ações, sente-se culpada, e, quando eles são rompidos, ela sente-se triste; contudo, ao retomá-los, a alegria retorna.

Para ajudar a compreender por que o estado desses relacionamentos exerce um efeito tão profundo na vida emocional, duas áreas da biologia moderna, etologia e teoria da evolução, são extremamente esclarecedoras. Esses três tipos de relacionamentos encontram equivalentes em uma diversidade de outras espécies e estão intimamente relacionados às funções biológicas vitais da reprodução, em especial da sobrevivência dos mais jovens. Desse modo, é mais do que provável que a forte propensão do ser humano em criar esses laços profundos e duradouros seja o resultado de um forte viés determinado por genes para fazê-lo, selecionado ao longo da evolução. Nesse contexto, a forte propensão de uma criança em se apegar aos pais ou a quem cuida dela pode ser compreendida como uma forma de reduzir o risco de ela sofrer danos. Permanecer em proximidade ou em fácil comunicação com alguém que provavelmente irá protegê-lo é a melhor apólice de seguro possível. Da mesma forma, o zelo dos pais em cuidar de sua prole contribui para a sobrevivência da criança. A satisfação e o contentamento que acompanham o sucesso na manutenção desses relacionamentos de longo prazo, bem como a frustração, a ansiedade e, por vezes, o desespero que surgem em caso de fracasso, representam as recompensas e as penalidades selecionadas durante a evolução para nos guiar em nossas atividades.

É nessa perspectiva evolutiva que acredito que podemos compreender como a raiva entre os membros de uma família pode, muitas vezes, ser funcional. Conforme mencionei anteriormente, quando expressa no lugar certo, na hora certa e na medida certa, a raiva pode auxiliar a manutenção desses vitais relacionamentos de longo prazo. No entanto, é evidente que a raiva pode ser exagerada. Minha tese é simples: grande parte da violência mal-adaptativa encontrada em famílias pode ser compreendida como versões distorcidas e exageradas de comportamentos potencialmente funcionais, sobretudo o de apego, por um lado, e o de cuidado, por outro.

Atualmente, há uma extensa literatura sobre a natureza do vínculo entre a criança e sua mãe, tradicionalmente referido como dependência e, agora, concebido em termos de apego e busca por cuidados. Contudo, de maneira geral, o comportamento de apego leva um indivíduo, normalmente aquele menos capaz de lidar com a situação, a manter proximidade e/ou comunicação com outro indivíduo, visto como mais capaz de lidar. Esse comportamento é desencadeado especialmente por dor, fadiga, situações amedrontadoras e por indisponibilidade ou inacessibilidade do cuidador. Embora concebido como em parte pré-programado, há amplas evidências de que o padrão específico no qual o comportamento de apego se torna organizado durante o desenvolvimento é altamente influenciado pela forma como é respondido pelos principais cuidadores da criança, na maioria dos casos, sua mãe e seu pai. Em resumo, é evidente que o cuidado amoroso e sensível resulta no desenvolvimento de uma criança confiante de que outros serão úteis quando solicitados, tornando-a mais autossuficiente e corajosa em suas explorações do mundo, cooperativa com os outros e, igualmente importante, simpática e prestativa com aqueles em dificuldade. Em contrapartida, quando o comportamento de apego de uma criança é respondido tardiamente e com relutância e é percebido como um incômodo, ela tende a tornar-se ansiosamente apegada, ou seja, apreensiva com a possibilidade de seu cuidador não estar disponível ou não ser útil quando precisar dele e, portanto, relutante em se afastar, ansiosa em termos de obediência e desinteressada em relação aos problemas dos outros. Caso seus cuidadores, além disso, a rejeitem ativamente, é provável que ela desenvolva um padrão de comportamento em que a evitação compete com o desejo por proximidade e cuidado e em que a raiva tende a se tornar proeminente. Abordarei esse tema em detalhes mais adiante.

Outro ponto sobre o comportamento de apego que gostaria de enfatizar é que ele é uma característica inerente da natureza humana ao longo de toda a nossa vida – desde o berço até a sepultura. Admito que geralmente é menos intenso e menos exigente em adolescentes e adultos do que na infância, mas é natural que surja um desejo urgente por amor e cuidado quando uma pessoa está ansiosa ou aflita. Portanto, é extremamente infeliz que, devido a teorias enganosas, os adjetivos pejorativos "infantil" e "regressivo" sejam agora tão amplamente utilizados em círculos clínicos. São palavras que evito utilizar.

Embora o estudo sistemático do comportamento de apego, sobretudo as condições que influenciam o seu desenvolvimento, esteja em andamento há 20 anos, o estudo sistemático do cuidado ou da parentalidade e como ele se desenvolve está apenas começando. A abordagem que considero a mais promissora é novamente uma abordagem etológica. Essa perspectiva pressupõe que, em seres humanos, assim como em outras espécies, o comportamento parental, bem como o comportamento de apego, é em certa medida pré-programado e, portanto, pronto para se desenvolver ao longo de certas linhas quando as condições o estimulam. Isso significa que, no curso normal dos eventos, o pai de um bebê experimenta uma forte vontade de se comportar de certas maneiras típicas, como embalar o bebê, acalmá-lo quando chora e mantê-lo aquecido, protegido e alimentado. Essa visão, é claro, não implica que os padrões de comportamento adequados se manifestem completos em todos os detalhes desde o início. Claramente não é assim, nem no ser humano nem em qualquer outra espécie de mamífero. Todos os detalhes são aprendidos, alguns deles durante a interação com bebês e crianças, muitos deles por meio da observação de como outros pais se comportam, começando desde a própria infância do futuro pai e a maneira como seus pais o trataram e a seus irmãos.

Resultados da pesquisa

Ao considerar o que se sabe atualmente sobre os indivíduos envolvidos na violência familiar e as circunstâncias em que ela ocorre, é relevante começar pela análise das mulheres que agridem fisicamente seus filhos e, em seguida, pelos efeitos dessas agressões nas crianças. Minha razão para isso é que, nessas duas áreas, as descobertas de pesquisa parecem ser as mais adequadas. À luz dessas descobertas, podemos prosseguir para considerar o que se sabe sobre homens que agridem fisicamente as esposas ou seus filhos, uma área problemática tão importante quanto, mas atualmente menos pesquisada.

As descobertas dos diversos estudos sobre mulheres que foram identificadas como agressoras de seus filhos apresentam considerável concordância (ver revisão de Spinetta & Rigler, 1972). Embora o abuso infantil seja mais comum em famílias de baixo nível socioeconômico, também ocorre em famílias de classe média, muitas vezes oculto por uma fachada de ultrarrespeitabilidade.

Embora os indivíduos abusivos variem superficialmente como frios, rígidos, obsessivos e passivos, infelizes e desorganizados, eles têm aspectos emocionais em comum. Entre as características frequentemente relatadas entre mães abusivas, encontramos: períodos de intensa ansiedade seguidos por explosões de raiva violenta, impulsividade e maturidade. Embora suas "necessidades de dependência" sejam descritas como excepcionalmente fortes, elas são muito desconfiadas e, em consequência, incapazes ou relutantes em estabelecer relacionamentos próximos. Socialmente, costumam estar isoladas e, ao não ter a quem recorrer, muitas delas buscam cuidado e conforto em um dos seus próprios filhos, a quem tratam como se fossem muito mais maduros do que realmente são (Morris & Gould, 1963).

No que se refere à infância dessas mulheres, muitos pesquisadores observaram que a maioria delas teve uma infância triste e, como uma dupla de pesquisadores colocou, "falta de cuidados maternos básicos" (Steele & Pollock, 1968). Uma considerável minoria delas foi vítima de agressões quando crianças.*

Para qualquer pessoa que esteja pensando na teoria do apego, o que imediatamente se sugere é que essas mulheres estão sofrendo de um grau extremo de apego ansioso e, consequentemente, que experiências de separações longas ou repetidas e/ou de serem repetidamente ameaçadas de abandono seriam uma característica comum de suas infâncias. Em um estudo relativamente pequeno, essas hipóteses foram testadas por Pauline DeLozier (1982), em Los Angeles. As amostras dela consistiram em 18 mulheres da classe trabalhadora conhecidas por agredir fisicamente seus filhos, e outras 18 mulheres do mesmo grupo socioeconômico, equiparadas em idade (a maioria na casa dos 30 anos) e número de filhos, que não os agrediram. Todas foram submetidas a uma entrevista semiestruturada e a um questionário para preencher, e foram testadas no Teste de Ansiedade de Separação de Hansburg (Hansburg, 1972). No último teste, foi exibida uma série de

---

*Em um estudo de Baldwin (1977) com 38 crianças que foram fisicamente agredidas em um grau excepcionalmente grave, dois quintos dos pais sofreram abuso físico quando crianças e mais da metade sofreu abuso psicológico grave ou prolongado. Baldwin chama a atenção para a forte tendência de muitos desses pais, quando entrevistados, de fazer generalizações amplas sobre sua infância, apresentando uma imagem idealizada que contrasta fortemente com os episódios sombrios descritos quando perguntas detalhadas são feitas. Nesse campo, clínicos e entrevistadores inexperientes têm grande probabilidade de serem gravemente enganados.

imagens retratando cenas em que uma criança se afasta de seus pais ou em que os pais se afastam da criança, e a entrevistada foi solicitada a descrever o que ela sentiria e faria na situação apresentada.

Como esperado, os resultados do Teste de Ansiedade de Separação de Hansburg mostraram que a maioria das mães abusadoras era extremamente sensível a qualquer tipo de situação de separação, mesmo as mais cotidianas e comuns, com respostas indicativas de altos níveis de ansiedade e/ou de raiva. Além disso, tais respostas mostraram que, embora essas mulheres desejassem cuidado, tudo o que elas esperavam era rejeição. Apoiando outra das hipóteses iniciais, houve alta incidência de respostas indicando preocupação ansiosa com o bem-estar dos pais. Para todas essas características, as incidências no grupo-controle, embora não desprezíveis, foram significativamente menores. Por exemplo, enquanto 12 das 18 mães abusivas foram avaliadas como apresentando o mais alto grau de apego ansioso, apenas duas do grupo-controle foram avaliadas da mesma forma.

Em relação às experiências de infância dessas mulheres, os resultados, conforme relatados em entrevistas e questionários, apoiaram algumas das hipóteses iniciais, mas não apoiaram outras. Por exemplo, em vista de relatos anteriores, DeLozier esperava encontrar na infância das mães abusivas incidência significativamente maior de separações dos pais, mas isso não ocorreu. Em contrapartida, foi confirmada a expectativa de DeLozier de que uma alta proporção dessas mulheres repetidamente experimentaram a sensação de que seus pais ameaçavam abandoná-las, uma descoberta que está em consonância com a visão de que essas ameaças reiteradas de abandono são tão patogênicas quanto as separações reais, provavelmente até mais impactantes (Bowlby, 1973). De maneira similar, embora a violência física por parte dos pais aparentemente não tenha sido comum, muitas das mães abusivas sofreram ameaças repetidas de serem fisicamente agredidas, mutiladas ou até mortas.

Outra característica marcante da infância das mães abusivas, também em conformidade com as expectativas, foi que apenas uma minoria delas (sete) sentia que poderia recorrer à mãe em busca de ajuda quando estavam angustiadas. Entre aquelas que não podiam recorrer à mãe para obter ajuda em momentos de aflição, algumas descreveram alguém, como um parente ou um vizinho, que poderia ter ajudado, mas quatro das 18 não conheciam absolutamente ninguém. Em contrapartida, entre as mulheres do grupo-controle, quase todas haviam sentido que poderiam recorrer à mãe, e cada uma das demais sabia pelo menos de alguém que poderia ajudá-las.

Desse modo, diferentemente de alguém que cresce em uma casa comum, razoavelmente feliz, e pode contar com sua mãe em uma emergência, a maioria dessas mulheres nunca pôde fazer isso. De fato, e novamente como previsto, para muitas delas, a relação de filha para mãe havia sido invertida, e elas é que deveriam cuidar do pai ou da mãe.*

Com base nas experiências de infância que essas mulheres tiveram, não é difícil entender por que elas cresceram desse modo. A criança que sofre ameaças de abandono se torna intensamente ansiosa sobre qualquer separação, por mais rotineira que possa parecer para os outros, bem como intensamente irritada com seu pai ou sua mãe por ameaçá-la dessa maneira. Além disso, as falhas em responder de maneira útil quando uma criança está aflita, combinadas com rejeições repetidas e impacientes, levam-na a desconfiar profundamente dos outros. Assim, enquanto anseia constantemente pelo amor e cuidado que nunca teve, essa criança não tem confiança de que irá recebê-los, e desconfiará de qualquer oferta que possa receber. Não é surpresa que, quando uma mulher com esse histórico se torna mãe, haja momentos em que, em vez de estar pronta para cuidar de seu filho, ela espera que ele cuide dela. Não é de admirar também se, quando seu filho não corresponder às suas expectativas e começar a chorar, exigindo cuidado e atenção, ela ficar impaciente e irritada com ele.

Acredito que seja nesse contexto que os ataques violentos de uma mãe a uma criança podem ser entendidos. Embora nunca tenha trata-

---

*O estudo de DeLozier foi repetido por Mitchell (em preparação) em amostras de mães mexicano-americanas com resultados semelhantes.

do uma mulher que tenha agredido fisicamente seu filho, já tratei uma que chegou perigosamente perto disso.

A razão pela qual comecei a atender essa mulher, a quem chamarei de Sra. Q, foi porque o médico da clínica pediátrica que ela frequentava estava preocupado com o filho dela, de 18 meses; ele se recusava a comer e estava perdendo peso. Quando vi ambos, ficou imediatamente aparente que a Sra. Q estava intensamente ansiosa e deprimida, e estava assim desde o nascimento do menino. Ao fazer perguntas, descobri que ela estava com medo de que o filho morresse e, portanto, estava insistindo para que comesse. Ela também me contou que às vezes tinha impulsos de jogar o bebê pela janela. Somente muito tempo depois, ela me contou que, às vezes, ficava histérica, quebrava pratos e batia no carrinho do bebê. Ela estava intensamente ansiosa enquanto falava comigo e esperava que eu a criticasse com raiva. Por minha sugestão, ela passou a me ver uma vez por semana, para fazer psicoterapia.

A imagem que ela me deu de sua infância, contada com relutância e em fragmentos, mas sempre consistente, é uma que agora entendo ser típica. Ela se recordava de duras brigas entre seus pais, nas quais eles se agrediam e ameaçavam matar um ao outro, e de como sua mãe pressionava a família ao ameaçar abandoná-los. Em duas ocasiões, a Sra. Q voltou da escola e encontrou a mãe com a cabeça dentro do forno a gás; em outras vezes, a mãe fingia ter ido embora, desaparecendo durante boa parte do dia. Naturalmente, a Sra. Q cresceu aterrorizada de que, se ela fizesse algo errado, sua mãe iria embora. Além disso, as coisas ficavam ainda piores com a mãe insistindo para que ela não dissesse uma palavra sobre esses eventos aterrorizantes para ninguém fora de casa.

A Sra. Q, que era habilidosa antes do casamento, era conhecida como uma vizinha muito prestativa e fazia tudo o que podia para ser boa esposa e mãe, no que, na maioria das vezes, tinha sucesso. No entanto, ela era sujeita a esses acessos violentos e destrutivos que a assustavam e a confundiam, dos quais ela se envergonhava intensamente.

Após algum tempo, não tinha dúvidas de que os acessos de raiva eram uma forma de expressão da intensa raiva que, gerada inicialmente e ao longo de muitos anos pelas ameaças repetidas de sua mãe de abandonar a família, tinha se direcionado, desde cedo, para alvos menos perigosos. Aterrorizada naquela época e depois por expressar sua raiva diretamente, ela a redirecionou* para algo ou alguém que não pudesse retaliar. Como criança, a Sra. Q lembrou-se de que, às vezes, se retirava para o quarto e atacava suas bonecas. Agora, eram seus objetos de louça, o carrinho de bebê e quase, mas não totalmente, o próprio bebê. Eu suspeitava que cada um dos acessos de raiva atuais fosse desencadeado por sua mãe, que, dominadora e intrometida como sempre, ainda visitava a filha todos os dias.

Essa explicação se encaixa nos fatos que temos e tem o mérito, nem sempre apreciado nos círculos clínicos, de ser simples. Não surpreendentemente, essa explicação também já foi proposta por outros profissionais da área (p. ex., Feinstein, Paul, & Pettison, 1964). Em outros casos, é evidente que um marido abusou violentamente de sua esposa, e ela, em resposta, violentamente com raiva, redirecionou a raiva e a violência ao filho do casal.

Ao discutir os efeitos da violência no desenvolvimento da personalidade de crianças agredidas, devemos pensar que as agressões físicas não são os únicos episódios de hostilidade por parte dos pais que essas crianças experimentaram. Em muitos casos, as agressões físicas são apenas a ponta do *iceberg* – os sinais visíveis do que foram episódios repetidos de rejeição raivosa, verbal e física. Desse modo, na maioria dos casos, os efeitos psicológicos podem ser considerados resultado de rejeição hostil e negligência prolongadas. No entanto, as experiências individuais de crianças podem variar muito. Algumas, por exemplo, podem receber cuidados razoavelmente bons e muito raramente ter um surto de violência parental. Por essas razões, não é surpresa que

---

*Por ser menos ambíguo, prefiro o termo da etologia "redirecionamento", em vez de seu equivalente clínico "deslocamento". A redireção de comportamento hostil para longe de um animal mais dominante é bem conhecida em outras espécies.

o desenvolvimento socioemocional das crianças também varie. Aqui, descrevo descobertas que parecem ser bastante comuns.

Aqueles que observaram essas crianças em suas casas ou em outros lugares as descrevem de várias maneiras: deprimidas, passivas e inibidas, "dependentes" e ansiosas, bem como irritadas e agressivas (Martin & Rodeheffer, 1980). Gaensbauer e Sands (1979), ao endossar essa imagem, enfatizam o quanto esse comportamento pode ser perturbador para o cuidador. As crianças não participam do brincar e mostram pouca ou nenhuma satisfação. A expressão de sentimentos é geralmente tão discreta que é fácil ser ignorada, ou, então, é ambígua e contraditória. O choro pode ser prolongado e não responsivo ao conforto; já a raiva é facilmente despertada, intensa e não prontamente resolvida. Uma vez estabelecidos, esses padrões tendem a persistir.

Um problema muito discutido na literatura é o grau em que a prematuridade, a saúde debilitada ou o temperamento difícil de um bebê podem ter contribuído para os problemas da mãe e, assim, para o fato de este ter sido maltratado. Em alguns casos, esses fatores desempenham um papel, mas isso só acontece quando a mãe reage de modo desfavorável ao bebê, criando, assim, um círculo vicioso.* Essa sequência, é claro, é muito provável de ocorrer quando uma mãe teve uma infância difícil, cresceu emocionalmente transtornada e tem pouco ou nenhum apoio emocional ou ajuda após o nascimento do bebê.

Em relação a seus pais, uma criança maltratada frequentemente apresenta um quadro de vigilância congelada, hiperalerta para o que possa acontecer. No entanto, algumas também demonstram sensibilidade incomum às necessidades de seus pais (Malone, 1966). De fato, há boas razões para se pensar que algumas crianças aprendem desde

---

*Há agora boas evidências de que, com a maternidade sensível, bebês difíceis se desenvolvem de modo favorável, com poucas exceções (Sameroff & Chandler, 1975) e, de maneira inversa, que um bebê potencialmente fácil tem probabilidade de se desenvolver de forma desfavorável se receber cuidado insensível (Sroufe, 1983).

cedo que é possível acalmar uma mãe transtornada e potencialmente violenta por meio da atenção constante às suas vontades.*

Em um ambiente de creche, bebês e crianças pequenas que sofreram violência doméstica são conhecidas por sua dificuldade em criar relacionamentos, tanto com os cuidadores quanto com outras crianças, bem como por serem muito agressivas. Nos últimos anos, essas observações foram confirmadas e ampliadas por pesquisas mais sistemáticas que se concentraram tanto nos padrões particulares de comportamento exibidos quanto nos detalhes das situações em que cada um ocorre. Os resultados a seguir derivam de um estudo conduzido em Berkeley, por Main e George (George & Main, 1979; Main & George, 1985). O objetivo deles era comparar o comportamento em um ambiente de creche de dois grupos de crianças na faixa etária de 1 a 3 anos. Um grupo de 10 crianças era conhecido por sofrer agressão física por parte de um dos pais. O outro grupo de 10 crianças foi escolhido por ter todas as variáveis relevantes similares, mas não ter sofrido agressão física. Contudo, elas frequentavam creches destinadas a cuidar de crianças vindas de famílias conhecidas por seu estresse. Para a coleta de dados, cada criança foi observada durante quatro períodos de 30 minutos, em quatro dias diferentes, distribuídos ao longo de três semanas. Os observadores foram instruídos a registrar todos os comportamentos socialmente relevantes, incluindo pequenos movimentos, como virar a cabeça ou dar um passo para trás.

Ao analisar os dados, o comportamento social das crianças foi dividido em quatro categorias: aproximação, evitação, aproximação-evitação e agressão. Além disso, foi dividido em relação a quem o comportamento era direcionado, se a outra criança ou a um cuidador. Outra distinção foi feita entre o comportamento iniciado pela criança observada e o que ocorreu em resposta a uma abordagem amigável de

---

*Sou grato a Pat Crittenden (comunicação pessoal) por esse ponto, que observou o comportamento aparentemente conciliatório em crianças abusadas, algumas com menos de 2 anos. Comportamento semelhante tem sido observado também em crianças pequenas cujas mães estão seriamente deprimidas (Pound, 1982).

outra criança ou um adulto. Os resultados são expressos em termos do número médio de incidentes de um tipo específico de comportamento das crianças em cada grupo ou do número de crianças em cada grupo que apresentaram esse tipo de comportamento.

Quanto às ocasiões em que uma criança iniciou contato social, seja com outra ou com um cuidador, não foram observadas diferenças notáveis entre as crianças de cada grupo. Em contrapartida, foram observadas diferenças muito evidentes na forma como as crianças responderam a uma abordagem amigável de outra criança ou de um adulto. Respostas características das crianças agredidas foram se tornar diretamente evitativas ou mostrar comportamento de aproximação e evitação, seja em rápida sucessão, seja em alguma combinação de ambos. Os exemplos foram: "ela se aproxima dele, mas de repente se afasta" e "ela engatinha em direção ao cuidador, mas com a cabeça virada". Assim, quando as tentativas de aproximação vinham de um cuidador, os bebês maltratados tinham três vezes mais probabilidade do que os do grupo-controle de serem evasivos, ao passo que sete deles, comparados com apenas um, mostraram a curiosa combinação de alternância de aproximação e evitação. Quando as investidas vinham de outras crianças, as diferenças eram ainda mais marcantes. Por exemplo, enquanto nenhuma das crianças do grupo-controle mostrou comportamento de abordagem-evitação, as 10 agredidas o fizeram.

O comportamento agressivo foi bastante comum em ambos os grupos de crianças pequenas, embora, como previsto, tenha sido significativamente maior no grupo daquelas que haviam sido abusadas. Os bebês e as crianças pequenas que sofreram abuso não apenas apresentaram comportamento agressivo com mais frequência do que o grupo-controle, como previsto, mas também houve cinco casos em que as crianças agrediram ou ameaçaram agredir um adulto, comportamento que não foi observado no grupo-controle. Além disso, as crianças agredidas eram facilmente notadas por um tipo especificamente desagradável de agressão, denominado assédio (Manning, Heron, & Marshall, 1978). Isso consiste em comportamentos maliciosos que parecem ter como único objetivo fazer a vítima demonstrar sofrimento. Quase sempre, ocorre repentinamente, sem causa evidente e, portanto, contrasta com a hostilidade que ocorre em reação a uma provocação. Esses ataques, que surgem de modo imprevisível, são assustadores e incentivam a retaliação. Estudos clínicos, mencionados posteriormente, relatam que esses ataques são direcionados sobretudo a um adulto a quem a criança está se apegando.

À luz do comportamento até agora descrito, não é surpreendente encontrar crianças abusadas significativamente insensíveis aos seus pares em situação de angústia. Os estudos de Zahn-Waxler e Radke-Yarrow mostraram que bebês e crianças em idade pré-escolar com pais carinhosos e atenciosos geralmente expressam preocupação quando outra criança está angustiada e, muitas vezes, tentam confortá-la (Zahn-Waxler, Radke-Yarrow, & King, 1979). Esse tipo de comportamento também foi observado pelo menos uma vez em cinco das crianças do grupo-controle no estudo de Main e George, mas em nenhuma ocasião uma das crianças abusadas mostrou indícios disso. Diferentemente do grupo-controle, elas reagiram com alguma combinação de medo, aflição ou raiva, e três se comportaram de maneira hostil em relação à criança chorando. Por exemplo, um menino pequeno de 2 anos e 8 meses deu um tapa em uma menina que estava chorando, exclamando de maneira repetida "Pare com isso, pare com isso!". Ele continuou a bater nas costas dela e, em seguida, sibilou com dentes à mostra; antes que alguém pudesse intervir, suas batidas se transformaram em agressão.

Estou certo de que minhas razões para dar tanta atenção a essas observações de crianças pequenas estão aparentes. Elas mostram, com clareza inconfundível, como padrões de comportamento social característicos – alguns esperançosos para o futuro, outros sinistros – são estabelecidos logo no início da vida. Elas também não deixam dúvidas sobre quais tipos de experiência familiar influenciam o desenvolvimento em uma direção ou em outra. Repetidas vezes, vemos detalhes no comportamento de uma criança pequena, ou no que ela diz, que são claramente cópias do modo como ela mesma tem sido tratada. De fato, a tendência de tratar os outros do mesmo modo como fomos tratados é inerente à natureza humana, e em nenhum momento isso é mais evidente do que nos primeiros anos de vida. Todos os pais, por favor, fiquem atentos!

Evidências concretas sobre como essas crianças se desenvolvem devem aguardar um estudo longitudinal devidamente desenhado. Há evidências de que, se as condições de cuidado melhorarem, algumas crianças se recuperam o suficiente para crescerem saudáveis (Lynch & Roberts, 1982), já outras, não. Algumas sofreram danos psicológicos graves e foram diagnosticadas como intelectualmente deficientes (p. ex., Martin & Rodeheffer, 1980). Para muitas outras, as condições adversas de cuidado continuam. Além disso, uma vez que uma criança desenvolve os tipos de comportamento indesejáveis descritos, não é fácil para um adulto, sendo os pais, o cuidador temporário ou um profissional, dar a ela o cuidado afetuoso contínuo de que ela precisa, ao passo que tratar essas crianças por meio de psicoterapia é extremamente demandante. Os ataques repentinos e não provocados, que, em crianças mais velhas, podem facilmente ser prejudiciais, são especialmente difíceis de se manejar.

Algumas dessas crianças emocionalmente transtornadas, sabemos, chegam a clínicas psiquiátricas em que a origem de sua condição, suspeito, com frequência não é reconhecida. Entre aqueles que trataram essas crianças, algumas delas psicóticas, e que rastrearam a origem de seus problemas, estão Stroh (1974), Bloch (1978) e Hopkins (1984). Cada um ressalta o grau extremo de ambivalência que se pode esperar: em um momento, a criança está abraçando o terapeuta, no outro, ela o está agredindo. Durante a adolescência e o início da vida adulta, alguns, principalmente homens, são diagnosticados como psicopatas agressivos e/ou delinquentes violentos (p. ex., Farrington, 1978). Algumas, sobretudo mulheres, talvez sofram de transtorno dissociativo de identidade (Bliss, 1980). Quando os psiquiatras se conscientizarem dos efeitos profundos e abrangentes do abuso e da rejeição na infância, bem como da extensão em que informações relevantes são suprimidas e falsificadas pelos pais e ignoradas pelos clínicos, muitos outros casos serão certamente identificados.

Uma proporção significativa de crianças rejeitadas e abusadas cresce e perpetua o ciclo da violência familiar, respondendo em situações sociais com os mesmos padrões de comportamento que desenvolveram durante a infância.

Um tipo de resposta encontrada como característica de muitos pais abusivos, e de um tipo que já vimos ser característico de crianças abusadas, é relatado, por exemplo, por Frodi e Lamb (1980). Em um estudo realizado em laboratório, no qual foram exibidas gravações de vídeo de bebês chorando, as mães abusivas responderam aos bebês com menos simpatia do que um grupo de mães não abusivas, bem como com mais irritação e raiva. Além disso, essas mesmas respostas negativas foram manifestadas pelas mães abusivas mesmo quando lhes foram mostradas fitas de vídeo de bebês sorrindo, o que sugere que elas não gostam de qualquer forma de interação com um bebê.

Agora, um pouco atrasados, analisaremos o comportamento dos homens que maltratam suas companheiras.

Dois dos meus colegas de trabalho no Tavistock, Janet Mattinson e Ian Sinclair (1979), descrevem um homem, Sr. S, que era imprevisível e inexplicavelmente propenso a atacar a esposa. Na época em que ele solicitou uma entrevista, sua esposa havia acabado de deixá-lo; ela recém dera à luz ao primeiro filho deles. Embora hesitante a princípio, o Sr. S logo começou a contar à assistente social o quanto temia sua própria violência. Ele amava a esposa e sentia que seu comportamento violento era completamente injustificado, como se fosse loucura. Na sequência, falando sobre sua infância, ele descreveu como tinha sido um membro de uma grande família da classe trabalhadora, na qual havia recebido pouco mais do que um tratamento severo e pouco afetuoso. Ele conta que seus pais estavam constantemente envolvidos em brigas violentas. Em entrevistas posteriores, ao explorar como se sentia quando criança, lutando pelo amor que nunca recebeu, ele foi surpreendido pela sugestão de que provavelmente era uma mistura de raiva e desespero. Isso fez sentido para ele, que disse ter se sentido aliviado do medo de que sua violência fosse inexplicável. Observou-se que os surtos que levaram à partida de sua esposa ocorreram logo após o nascimento do bebê. Como sabemos por outros estudos, como o de Marsden e Owens (1975), que o ciúme intenso da atenção da esposa aos filhos é um precipitante comum da violência do marido, os surtos do Sr. S provavelmente foram desencadeados pela chegada do bebê.

Súbitas e aparentemente inexplicáveis explosões de violência, semelhantes às do Sr. S, são identificadas como características de uma proporção significativa de homens que agridem fisicamente suas esposas; por exemplo, elas ocorreram em cinco dos 19 casos investigados por Marsden e Owens (1975). A hipótese de que a maioria desses homens que maltratam e agridem suas esposas foram crianças maltratadas e agredidas é apoiada por várias descobertas. Em um estudo (Gayford, 1975), informações das esposas indicaram que 51 em cada 100 homens violentos haviam sido agredidos na infância. Além disso, 33 dos 100 homens violentos já haviam sido condenados por outros crimes violentos; como já mencionado, estudos mostram que a maioria dos criminosos violentos vem de lares em que foram submetidos a tratamentos cruéis e brutais (Farrington, 1978).

Por fim, descobrimos que muitas das esposas que sofrem violência doméstica vieram de lares desajustados e rejeitadores, nos quais uma minoria significativa também foi agredida na infância (Gayford, 1975). Essas experiências as levaram a sair de casa na adolescência, a se envolver com praticamente o primeiro homem que encontravam, muitas vezes de um contexto semelhante, e rapidamente engravidar. Para a jovem despreparada e ansiosamente apegada, cuidar de um bebê cria mil problemas. Além disso, sua atenção em relação ao bebê provoca intensa inveja em seu parceiro. Esses são alguns dos processos pelos quais um ciclo de violência intergeracional se perpetua.

Agora, retornaremos ao estudo de Mattinson e Sinclair (1979), que descrevem padrões de interação que descobriram serem comuns em certas famílias.

As entrevistas com o Sr. S fizeram parte de um estudo realizado com o objetivo de descobrir mais sobre o que acontece em famílias intensamente desajustadas que criam problemas intermináveis para os serviços médicos e sociais e que se sabe serem extraordinariamente difíceis de auxiliar. Nessas famílias, parecia que a violência ou as ameaças de violência ocorriam quase todos os dias. Todas as vezes, o casal se separou apenas para voltar a se unir após alguns dias ou semanas. Às vezes, depois de ouvir palavras duras da esposa, o marido saía sozinho, para voltar pouco tempo depois, ou uma esposa, agredida fisicamente pelo marido, deixaria o lar com as crianças, mas retornaria dentro de poucos dias para a mesma situação. O que parecia tão extraordinário para os estudiosos era o tempo que alguns desses casamentos havia durado. Desse modo, uma pergunta que eles se faziam era o que mantinha os parceiros unidos.

O que eles descobriram foi que, embora a violência de um marido e os comentários ameaçadores de uma esposa parecessem dominar a situação, cada parceiro estava profunda, embora ansiosamente, ligado ao outro e havia desenvolvido uma estratégia destinada a controlar o outro e demovê-lo de partir. Diversas técnicas estavam em uso, principalmente as coercitivas, e muitas delas eram de um tipo que, para um observador externo, pareceriam não apenas extremas, mas contraproducentes. Por exemplo, ameaças de abandonar o parceiro ou de cometer suicídio eram comuns, e gestos suicidas não eram raros. Essas táticas geralmente eram eficazes em curto prazo, garantindo a atenção e a preocupação do parceiro, mas também despertavam sua culpa e sua raiva. Foi descoberto que a maioria das tentativas de suicídio era em reação a eventos específicos, sobretudo abandonos reais ou ameaçados.

Uma técnica coercitiva, usada principalmente pelos homens, era "aprisionar" a esposa por meio de táticas como trancá-la em casa, colocar cadeados em suas roupas ou reter todo o dinheiro e fazer as compras para impedir que ela veja outras pessoas. O apego intensamente ambivalente de um homem que adotou essa técnica era tal que ele não apenas trancou a esposa dentro de casa, como também a impediu de entrar. Ele a expulsava de casa dizendo para ela nunca mais voltar, mas, após ela chegar à rua, ele corria atrás dela e a puxava de volta para o apartamento deles.

Uma terceira técnica coercitiva era a violência física. Como disse um homem, em sua família, qualquer pedido era sempre feito com os punhos. Nenhuma esposa gostava desse tratamento, mas algumas sentiam uma satisfação irônica com isso. Por exemplo, uma mulher, ao explicar por que não desejava uma separação, anunciou em um tom triunfante que seu marido havia ameaçado "buscá-la" se ela se mudasse. Ele também precisava dela, ela insistiu. Na maioria desses casamentos, foi descoberto que cada parte tendia a enfatizar o quanto a outra precisava delas, enquanto negava sua própria necessidade pelo parceiro. Por necessidade, é evidente, eles queriam dizer o que estou chamando de desejo por uma figura cuidadora. O que eles mais temiam era a solidão.

Medidas preventivas

Concluo aqui minha descrição dos problemas encontrados em famílias violentas e a perspectiva teórica na qual acredito ser útil abordá-los. Quais ações são necessárias?

Muito trabalho especializado e dedicado tem sido realizado para ajudar famílias nas quais o abuso já ocorreu, e muito trabalho intelectual tem se concentrado nos problemas de gestão (Helfer & Kempe, 1976; Lynch & Roberts, 1982). Já que todos os estudos mostraram o quão difícil e demorado é todo esse trabalho, perguntamos sobre as perspectivas de prevenção. Aqui está a esperança. A seguir, descrevo um tipo de serviço pioneiro no Reino Unido e que agora está se espalhando constantemente com o incentivo do governo. Entretanto, sem dúvida, serviços semelhantes podem ser encontrados em várias partes dos Estados Unidos também, mas, naturalmente, não os conheço muito bem.

O padrão de serviço que é tão promissor, ao menos para algumas famílias, é conhecido como *Home-Start* (que começou em Leicester) (Harrison, 1981).* É um esquema de visitação domiciliar organizado

Uma base segura

independentemente e que oferece suporte, amizade e assistência prática a novas famílias que estão em dificuldade. O serviço é constituído por voluntárias que trabalham em estreita colaboração com os serviços estatutários relacionados, bem como recebem suporte e orientação de um profissional. Todas as visitas são feitas por convite da família e conforme seus termos. Não há contratos nem prazos definidos.

Cada voluntária é uma mãe comprometida a visitar regularmente uma ou, no máximo, duas famílias, com o objetivo de estabelecer um relacionamento em que o tempo e a compreensão possam ser compartilhados. É feito todo o esforço para incentivar as habilidades dos pais e tranquilizá-los de que as dificuldades em cuidar das crianças não são incomuns, assim como é possível que a vida familiar seja agradável. Novas voluntárias, sobretudo dos 30 aos 45 anos, participam de um curso preparatório, um dia por semana, durante 10 semanas, e, após, recebem treinamento contínuo regular.

Há muitas vantagens quanto às visitantes serem voluntárias. Em primeiro lugar, uma voluntária tem *tempo*: na prática, foi constatado, no esquema pioneiro, que o tempo médio que cada voluntária passava com sua família em sua própria casa era de seis horas por semana. Em segundo lugar, ela encontra-se com a mãe em um nível de igualdade e sente-se livre para contribuir com as atividades domésticas de qualquer maneira que pareça apropriada. Em terceiro lugar, ela pode comparar observações e conversar sobre experiências com seus próprios filhos. Em quarto lugar, e muito importante, ela pode, às vezes, disponibilizar-se para ser contatada durante a noite ou em fins de semana.

Naturalmente, as famílias visitadas são aquelas em que as dificuldades já estão presentes ou parecem iminentes. Uma vez que o serviço não é direcionado especificamente a famílias abusivas, uma família participante não precisa se sentir rotulada de forma alguma. No entanto, o serviço lida com um número considerável de famílias que

---

*Outra iniciativa, atendendo a uma área gravemente carente no centro de Londres e conhecida como Newpin, também é promissora (Pound & Mills, 1985).

têm uma ou mais crianças registradas como em risco de abuso. Nos primeiros oito anos do programa, um quarto das famílias visitadas estavam nessa categoria.

Com frequência, as visitas começam enquanto a mãe ainda está grávida. A maioria das pessoas visitadas são jovens, impulsivas e extremamente isoladas e nunca receberam afeição, cuidado ou segurança. Em tais casos, o papel principal do voluntário é ser mãe da mãe e, assim, por meio do exemplo, encorajá-la a ser mãe de seu próprio filho. Ela também conversará e brincará com as crianças, novamente dando à mãe um exemplo que ela nunca teve. Talvez mais tarde, uma vez que a confiança tenha crescido, a voluntária possa ajudar a mãe a adquirir habilidades domésticas básicas que ela nunca aprendeu. A chave para o relacionamento é que a voluntária é uma mãe que conhece todos os problemas intimamente.

Há muitos casos reconhecidos como inadequados para inclusão em um serviço desse tipo.* Para os adequados, o grau de sucesso relatado é muito encorajador, conforme demonstrado por uma avaliação dos primeiros 4 anos do serviço, realizada por um pesquisador independente cuja monografia (van der Eyken, 1982) faz um relato completo do projeto. Com uma amostra aleatória de 1 em cada 5 das 288 famílias visitadas, ele perguntou aos interessados como eles avaliaram o resultado no final da visita, usando uma escala de três pontos: nenhuma mudança, alguma mudança e mudança considerável. Os resultados mostraram que as voluntárias eram as mais pessimistas, classificando apenas metade das famílias como apresentando mudanças consideráveis e 1 em cada 10 como fracassada. Os assistentes sociais que encaminharam os casos estavam mais esperançosos, classificando mais da metade como apresentando mudanças consideráveis e o restante como apresentando ao menos algumas. As mais entusiasma-

■

*Harrison (1981) lista o seguinte: quando se sabe que um dos pais tem uma doença mental crônica ou está sofrendo de uma doença degenerativa grave, ele é reincidente ou pretende que os filhos sejam internados. Também estão excluídas as famílias em que as crianças correm o risco de abuso por parte de uma mãe coabitante.

das com o trabalho eram as visitadoras sanitárias (enfermeiras sanitaristas) e as próprias famílias. Das 58 famílias que se avaliaram, 47 (85%) afirmaram ter ocorrido uma mudança considerável, seis alegaram alguma mudança e apenas duas acreditaram que não houve qualquer mudança.

Em um campo profundamente problemático e notoriamente difícil, essas descobertas trazem esperança.

6
Saber e sentir o que não deveria

No início de 1979, fui convidado a contribuir para um número especial do Canadian Journal of Psychiatry *para homenagear o professor emérito Eric Wittkower, que ocupou uma cadeira de psiquiatria na McGill University, em Montreal, de 1952 a 1964, e estava comemorando seu octogésimo aniversário. Fiquei muito feliz em contribuir. O trabalho resultante, com o título mencionado, também formou a base de palestras que dei em diversas ocasiões durante os anos seguintes. Em uma dessas ocasiões, em Roma, encontrei-me com dois terapeutas cognitivos, Giovanni Liotti e Vittorio Guidano, e fiquei surpreso e encantado ao descobrir o quanto tínhamos em comum. Uma consequência de nosso encontro foi um convite para contribuir com um volume sobre* Cognição e psicoterapia, *editado por Michael Mahoney e Arthur Freeman. Isso proporcionou uma oportunidade de expandir o texto original e levou à versão que se segue.*

Agora, fica claro que há evidências de que experiências adversas com os pais na infância, conforme as descritas na palestra anterior, desempenham um papel importante na origem de transtornos cognitivos. Por exemplo, alguns casos de percepções e atribuições distorcidas, bem como episódios de amnésia, tanto menores quanto os mais graves, incluindo casos de personalidade múltipla, podem ser apresentados com considerável confiança como resultado dessas experiências. No entanto, a pesquisa sistemática sobre essas sequências causais ainda é escassa e requer urgentemente esforço mais significativo de pesquisa. Por que, então, esse campo tem sido tão terrivelmente negligenciado?

Uma influência adversa, mencionada na palestra anterior, é a forte tradição na escola de pensamento psicanalítica de focar a atenção na fantasia e perder de vista as experiências reais vividas durante a infância. Outra é a indiscutível dificuldade de fazer pesquisas sistemáticas na área. Por exemplo, os clínicos empenhados em atender apenas pacientes adultos em geral não estão em posição de investigar eventos que supostamente ocorreram muitos anos antes. Os indivíduos cujas infâncias foram passadas em famílias razoavelmente estáveis e que, como muitos psiquiatras e psicoterapeutas, ignoram a literatura recente sobre família e desenvolvimento infantil, não têm padrões com os quais comparar as histórias de seus pacientes. Acima de tudo, os clínicos frequentemente encontram significativo silêncio por parte do paciente e de sua família, e nem mesmo a sua formação ou sua experiência os qualificaram para aprofundar o entendimento desses eventos. Não é surpresa, portanto, que a possibilidade de que muitos casos de transtornos psiquiátricos, leves ou graves, possam ter sua origem em eventos adversos da infância tenha sido descartada ou completamente ignorada não apenas por psiquiatras em geral, como também por psicoterapeutas. Até mesmo a ocorrência de agressões físicas ou sexuais por pais a seus próprios filhos, muitas vezes repetidas e de longa duração, tem sido ausente das discussões sobre fatores casuais em psiquiatria.

Finalmente a cena está mudando. Primeiro, o conhecimento das interações entre pais e filhos em geral, incluindo uma ampla gama de relacionamentos e eventos potencialmente patogênicos, está aumentando em qualidade e quantidade à medida que pesquisas sistemáticas são aplicadas. Segundo, as consequências psicológicas para as crianças expostas a tais relacionamentos e eventos estão se tornando muito mais bem compreendidas e documentadas. Como resultado, atualmente, há diversas ocasiões em que um clínico está em terreno razoavelmente firme para tirar conclusões etiológicas. Pode ser dessa forma sobretudo quando:

a seu paciente apresenta problemas e sintomas que se assemelham às consequências conhecidas de certos tipos de experiência;
b durante uma habilidosa coleta de histórias, ou talvez muito mais tarde, na terapia, ele é informado desses mesmos tipos de experiências. Ao chegar a essa conclusão, o raciocínio que um psiquiatra usa não difere em nada do de um médico que, tendo diagnosticado um paciente como sofrendo de estenose mitral, passa sem hesitar a atribuir a condição a um ataque de febre reumática sofrido pelo paciente muitos anos antes.

Ao considerar os antecedentes de transtornos cognitivos na infância, um bom ponto de partida é a amnésia.

Em um de seus artigos clássicos sobre técnica analítica, Freud (1914) fez uma importante generalização, cuja veracidade provavelmente todo psicoterapeuta endossaria:

> Esquecer impressões, cenas ou experiências quase sempre se reduz a apagá-las. Quando o paciente fala sobre essas coisas "esquecidas", raramente deixa de acrescentar: "Na verdade, sempre soube disso, só que nunca pensei a respeito." (1914, 148)

Tais observações exigem explicações de pelo menos três tipos. Primeiro, existem características especiais que retratam impressões, cenas e experiências que tendem a se desligar? Em segundo lugar, como concebemos melhor os processos pelos quais as memórias são desligadas e aparentemente esquecidas? Em terceiro lugar, quais são as condições causais, internas e externas à personalidade, que ativam o processo de desligamento?

As cenas e as experiências que tendem a se apagar, embora muitas vezes continuem a ser extremamente influentes em afetar o pensamento, o sentimento e o comportamento, encaixam-se em pelo menos três categorias distintas: (a) os sujeitos cujos pais desejam que seus filhos não saibam; (b) os sujeitos cujos pais os trataram de maneiras que julgam insuportáveis demais para pensar a respeito; (c) os sujeitos que, quando crianças, fizeram, ou talvez pensaram, coisas sobre as quais se sentem insuportavelmente culpados ou envergonhados.

Como por muito tempo se deu muita atenção à terceira categoria, discuto aqui apenas as duas primeiras.

As crianças frequentemente observam cenas que os pais prefeririam que não observassem. Elas formam impressões que os pais prefeririam que não formassem e elas têm experiências que os pais gostariam de acreditar que não tiveram. As evidências mostram que muitas dessas crianças, cientes de como seus pais se sentem, passam a se adequar aos desejos deles, excluindo do processamento posterior as informações que já possuem. Tendo feito isso, deixam de estar conscientes de que já observaram tais cenas, formaram tais impressões ou tiveram tais experiências. Acredito que aqui está uma fonte de transtorno cognitivo tão comum quanto negligenciada.

No entanto, há evidências de que, em certas situações, os pais podem exercer pressão sobre seus filhos para que estes evitem conscientemente o processamento de informações que já têm sobre eventos que os pais gostariam que nunca tivessem acontecido. Essas evidências provêm de várias fontes, sendo uma das mais vívidas os esforços feitos por um cuidador sobrevivente para ocultar do filho o conhecimento sobre o suicídio de outro membro da família.

Cain e Fast (1972) relatam os resultados de seu estudo sobre uma série de 14 crianças, com idades entre 4 e 14 anos, que haviam perdido um dos pais devido ao suicídio, e todas elas desenvolveram transtornos psiquiátricos, muitas delas de forma grave. Ao analisar os dados, os autores ficaram impressionados com os papéis abrangentes que as situações patogênicas de dois tipos a que as crianças tinham sido expostas desempenharam na sintomatologia delas: situações que provavelmente gerariam intensa culpa (não discutidas aqui) e situações em que as comunicações entre pais e filhos foram gravemente distorcidas.

Aproximadamente um quarto das crianças estudadas testemunhou pessoalmente algum aspecto da morte do pai ou da mãe e, posteriormente, foram submetidas à pressão do sobrevivente para acreditar que suas percepções estavam equivocadas sobre o que viram ou ouviram e que a morte não foi um suicídio, mas sim decorrente de alguma doença ou acidente. Os relatos incluíam exemplos como: "Um menino que testemunhou seu pai tirar a própria vida usando uma espingarda... mais tarde naquela noite, foi informado por sua mãe de que seu pai morreu de ataque cardíaco; uma menina que encontrou o corpo de seu pai enforcado em um armário e depois foi informada de que ele havia morrido em um acidente de carro; dois irmãos que descobriram sua mãe com os pulsos cortados e foram informados de que ela havia se afogado enquanto nadava" (Cain & Fast, 1972, 102). Quando uma criança descrevia o que tinha visto, o genitor sobrevivente procurava desacreditá-la ridicularizando-a ou insistindo que ela estava confusa com o que assistira na televisão ou com algum pesadelo que tivera. Além disso, essa confusão às vezes era agravada pelo fato de a criança ouvir várias histórias diferentes sobre a morte de diversas pessoas ou mesmo de seu genitor sobrevivente.

Muitos problemas psicológicos das crianças pareciam diretamente atribuídos à sua exposição a situações desse tipo. Seus problemas incluíam desconfiança crônica de outras pessoas, inibição de sua curiosidade, desconfiança de seus próprios sentidos e uma tendência a achar tudo irreal.

Rosen (1955) descreve um paciente adulto, um homem de 27 anos, que desenvolveu sintomas agudos depois que sua noiva o abandonou por considerá-lo muito temperamental e imprevisível. O paciente começou a sentir que o mundo ao seu redor, bem como seu próprio ser, estavam se fragmentando e que tudo era irreal. Ele ficou deprimido e com tendências suicidas, experimentando uma variedade de sensações corporais peculiares, que incluíam a sensação de que estava sufocando. Ele relatou que seus pensamentos pareciam algodão. Em algum momento durante o segundo ano de terapia, o analista, impressionado após observar uma série de associações feitas pelo paciente e considerando sua história de vida, sugeriu cautelosamente uma reconstrução, ou seja, levantando a possibilidade de que a mãe do paciente poderia ter feito uma tentativa de suicídio durante a infância do paciente, algo que ele poderia ter testemunhado. Imediatamente após essa sugestão, o paciente foi tomado por soluços convulsivos, marcando um ponto de inflexão na sessão. Posteriormente, o paciente descreveu que, naquele momento, pareceu-lhe que o analista não estava recuperando uma memória reprimida, mas sim concedendo a permissão para falar sobre algo que ele sempre soube de alguma forma.

A autenticidade dessa memória foi confirmada pelo pai do paciente, que, quando confrontado, admitiu que, durante a infância do paciente, a mãe havia feito várias tentativas de suicídio. O que o paciente testemunhou ocorreu quando ele tinha cerca de 3 anos. Sua cuidadora ouviu barulhos vindos do banheiro e chegou a tempo de impedir que a mãe se enforcasse. Não ficou claro o quanto o menino havia presenciado, mas sempre que ele mencionava o incidente, tanto o pai quanto a cuidadora refutavam suas memórias, sugerindo que fossem fruto de sua imaginação ou apenas um pesadelo. O pai afirmou acreditar que seria prejudicial para o filho lembrar-se de tal evento, mas também admitiu que sua atitude foi parcialmente motivada por seu desejo de manter o incidente em segredo de amigos e vizinhos. Cerca de um ano depois, a cuidadora foi dispensada porque a mãe achava sua presença muito dolorosa, uma lembrança do incidente.

Durante uma das sessões anteriores à reconstrução, o paciente recordou que a dispensa de sua amada cuidadora foi algo que ele sempre sentiu ter sido de alguma forma sua culpa. Entre várias associações a esse evento, havia referências recorrentes a ele ter sido testemunha, quando criança, de algo que mudou sua vida, embora ele não soubesse o quê. Ele também tinha a noção de que sua cuidadora havia sido a única testemunha a seu favor. Assim, mesmo que essa memória tenha sido reprimida do processamento consciente, ela continuou a influenciar tanto seus pensamentos quanto suas emoções.

Em outra ocasião (Bowlby, 1973), chamei a atenção para a ocorrência não desprezível de tentativas de suicídio feitas pelos pais, e talvez uma incidência ainda maior de suas ameaças de suicídio, e observei o quão pouca atenção tem sido dada a essas situações na literatura psiquiátrica e na psicoterapêutica. Talvez haja muitos outros casos semelhantes ao de Rosen que ainda não foram identificados.

Entre as muitas outras situações nas quais os pais podem desejar que um filho não tenha observado e que podem pressioná-lo a acreditar que nunca ocorreram, estão aquelas relacionadas às suas atividades sexuais. Um exemplo disso foi relatado por uma fonoaudióloga que tentava ajudar uma garotinha extremamente perturbada e com dificuldades de fala. A garotinha demonstrava sua capacidade de falar em ocasiões drásticas, nas quais ela sentava um ursinho de pelúcia em uma cadeira em um canto e, em seguida, se aproximava e repreendia-o em tom extremamente severo, sacudindo o dedo em direção ao ursinho e dizendo repetidamente: "Você é *travesso... Teddy é travesso...* você *não* viu isso... '*Não* veja isso!'". Não era difícil supor que as cenas que o ursinho Teddy estava sendo instruído a não ver estavam relacionadas ao passado da mãe da menina, que foi prostituta na adolescência. Claramente, o propósito dessas pressões dos pais era garantir que seus filhos desenvolvessem e mantivessem uma imagem totalmente favorável deles. Nos exemplos citados até agora, a forma de pressão exercida era explícita. Talvez mais frequentes e igualmente danosos sejam os casos em que as pressões são mais sutis. Nas últimas duas décadas, uma atenção renovada foi dada ao incesto, tanto por sua alta incidência não reconhecida quanto por seus efeitos patogênicos em crianças. As formas mais comuns de incesto são entre pai e filha ou entre padrasto e enteada. Entre os vários problemas e sintomas nas crianças e nos adolescentes envolvidos, que se acredita serem consequências dessas experiências, os mais comuns incluem afastamento de todos os relacionamentos íntimos, transtornos do sono e intenções suicidas (Meiselman, 1978; Adams-Tucker, 1982). Fui informado por um colega, Brendan MacCarthy, sobre um relato de condições que provavelmente causam transtornos cognitivos, mas tal relato nunca foi publicado. Ele suspeitou que o transtorno seja especialmente provável quando as crianças estão na pré-puberdade. A seguir, baseio-me nas suas conclusões.

MacCarthy relata que, quando um vínculo sexual se desenvolve entre pai e filha adolescente, é geralmente reconhecido pelo pai no curso da vida diária por meio de olhares e toques secretos, bem como insinuações. No entanto, no caso de uma criança mais nova, é provável que o pai não tome essas atitudes. Em vez disso, ele se comporta durante o dia como se os episódios noturnos nunca tivessem ocorrido, e esse completo fracasso em reconhecê-los é comumente mantido mesmo muito tempo após a filha atingir a adolescência.

MacCarthy descreve o caso de uma mulher casada, Sra. A, a quem tratou para depressão, dependência de tranquilizantes e álcool. Ela mencionou os 10 anos de interferência sexual que sofreu de seu pai adotivo somente após quatro meses de terapia. Começou quando ela tinha 5 ou 6 anos, logo após a morte de sua mãe adotiva, e continuou até os 16, quando ela fugiu. Entre seus diversos problemas, estavam a frigidez e a repugnância das relações sexuais, e uma sensação de escuridão interior, de "uma mancha escura". Os problemas da Sra. A se agravaram quando sua própria filha tinha 4 anos. Sempre que a criança demonstrava afeto pelo pai e se aproximava dele, a Sra. A se sentia agitada, protetora e ciumenta. Nessas ocasiões, ela nunca poderia permitir que ficassem sozinhos juntos. Durante a terapia, a paciente era atenciosa e assustada, mostrando intensa vigilância a cada movimento do analista.

Quanto ao relacionamento incestuoso, a Sra. A descreveu como seu pai adotivo nunca, em nenhum momento do dia, fazia alusão às suas visitas noturnas ao quarto dela, que permanecia sempre às escuras, mas o pai incessantemente ensinou-lhe sobre os perigos de permitir que os meninos fossem longe demais com ela e sobre a importância da castidade antes do casamento. Quando a Sra. A fugiu de casa, aos 16 anos, seu pai adotivo não apenas a pressionou para que não contasse a ninguém sobre os abusos, como também acrescentou, sarcasticamente: "E se você fizer isso, ninguém vai acreditar". Isso pode muito bem ter acontecido, já que seu pai adotivo era diretor da escola e o prefeito local.

Ao comentar sobre esse e outros casos semelhantes de incesto, MacCarthy enfatiza a divisão cognitiva entre o pai respeitado, talvez amado durante o dia, e o pai muito diferente dos estranhos acontecimentos da noite anterior. Advertida a nunca contar isso a alguém, inclusive à mãe, a criança procura no pai alguma confirmação desses eventos e fica naturalmente perplexa quando não há resposta. Aconteceu mesmo ou sonhei? Eu tenho dois pais? Não é surpresa que, nos últimos anos, todos os homens sejam descredibilizados, e a postura profissional do terapeuta masculino seja vista como mera fachada que esconde sua intenção predatória. Não é surpresa, também, que continue existindo a advertência de não contar a alguém e que a expectativa de que, em qualquer caso, ninguém acredite em você garanta o silêncio. Com que frequência, podemos nos perguntar, terapeutas mal-informados desencorajam um paciente a dizer a verdade e, caso o faça, confirmam a expectativa de que ninguém acreditará em sua história?

Nos exemplos até o momento, a informação de que um pai está pressionando uma criança a se calar se refere a eventos no mundo externo. No entanto, em outras situações, a informação excluída trata dos eventos do mundo privado de sentimentos da criança. Esse aspecto é comum sobretudo em situações de separação e perda.

Quando um dos pais morre, o sobrevivente ou outro familiar pode não apenas fornecer informações inadequadas ou enganosas às crianças, como também indicar que não é apropriado elas expressarem angústia. Esse tipo de atitude pode ser explícito, como descrito por A. Miller (1979), quando a tia de um menino de 6 anos disse a ele após a morte de sua mãe: "Você deve ser corajoso; não chore; agora, vá para o seu quarto e brinque direitinho". Em outras ocasiões, a indicação pode ser apenas implícita. É comum que viúvas ou viúvos, com receio de expressar sua própria aflição, acabem encorajando seus filhos a reprimir todo os sentimentos em relação à sua perda. Um exemplo descrito por Palgi (1973) retrata um menino sendo repreendido pela mãe por não chorar pela morte de seu pai, ao que ele responde: "Como posso chorar se nunca vi suas lágrimas?".

De fato, existem diversas situações nas quais uma criança é expressamente instruída a não chorar. Por exemplo, uma criança de 5 anos, quando sua babá está indo embora, é orientada a não chorar porque isso tornaria mais difícil a partida para a babá. Quando uma criança é deixada pelos pais em um hospital ou uma creche residencial, eles insistem para que ela não chore, pois, se ela o fizer, eles não a visitarão. Uma criança que tem pais frequentemente ausentes, deixando-a sob os cuidados de diversas cuidadoras, não é incentivada a reconhecer o quão solitária e talvez zangada ela se sente com a ausência constante deles. Quando os pais se separam, muitas vezes fica evidente ser esperado do filho que não sinta falta daquele que partiu ou deseje seu retorno. A tristeza e o choro não apenas são condenados como inapropriados em tais situações, mas também crianças mais velhas e adultos podem zombar de uma criança angustiada por ser um "bebê chorão". É surpreendente que, nessas circunstâncias, o sentimento seja bloqueado.

Todas essas situações são bastante claras, mas acredito que foram seriamente negligenciadas como causas de repressão de informações e sentimentos da consciência. No entanto, existem outras situações mais sutis e ocultas, mas igualmente comuns, que têm o mesmo efeito. Por exemplo, quando uma mãe que teve uma infância privada de amor busca em seu próprio filho o amor que lhe faltou, ela inverte a dinâmica natural entre pais e filhos, exigindo que a criança aja como mãe enquanto ela mesma se comporta como uma criança. Para quem não está ciente dessa dinâmica, pode parecer que a criança está sendo "indulgente demais", mas uma análise mais profunda revela que a mãe está colocando um fardo pesado sobre ela. O que é especialmente relevante aqui é que, na maioria das vezes, se espera que a criança seja grata pelo cuidado que recebe e não perceba as exigências que lhe são feitas. Como resultado disso, a criança, em conformidade com os desejos de sua mãe, constrói uma imagem unilateral dela como sendo totalmente amorosa e generosa, suprimindo, assim, o processamento consciente de muitas informações que também apontam que sua mãe é frequentemente egoísta, exigente e ingrata. Outro resultado é que, também em conformidade com os desejos de sua mãe, a criança permite apenas a consciência dos sentimentos de amor e gratidão por ela, enquanto rejeita qualquer sentimento de raiva que possa ter contra ela por esperar que o filho cuide dela e o impeça de fazer seus próprios amigos e de viver sua própria vida.

Outra situação relacionada é quando um pai, que teve uma infância traumática, fica apreensivo ao ser lembrado de seus sofrimentos passados e, como consequência, ficar deprimido. Como resultado, ele espera que seus filhos aparentem sempre estar felizes e evitem expressar tristeza, solidão ou raiva. Como um paciente relatou após passar por muita terapia: "Agora percebo que me sentia terrivelmente solitário quando criança, mas nunca me permitiram reconhecer isso".

A maior parte das crianças é indulgente com os pais, preferindo vê-los sob uma luz favorável e ansiosa para ignorar muitos defeitos. No entanto, elas não se conformam voluntariamente em ver um pai apenas pela perspectiva que este exige ou em sentir por ele apenas da maneira exigida. Para garantir essa conformidade, uma pressão precisa ser exercida. Ela pode assumir diferentes formas, mas todas dependem, para sua eficácia, do desejo insistente da criança de ser amada e protegida. Alice Miller (1979), que dedicou muita atenção a esses problemas, relata as palavras de uma paciente adulta que nasceu como filha mais velha de uma mãe insegura em sua profissão:

> Eu era a joia da coroa da minha mãe. Ela sempre dizia: "Maja é capaz, ela vai conseguir". E eu segui adiante com isso. Cuidei dos irmãos menores para que ela pudesse seguir com sua carreira profissional. Ela ficou cada vez mais famosa, mas nunca a vi feliz. Quantas vezes eu ansiava por ela à noite. Os pequenos choravam e eu os consolava, mas eu mesma

> nunca chorei. Quem quereria uma criança chorando? Eu só conseguiria conquistar o amor de minha mãe se fosse competente, compreensiva e controlada, se nunca questionasse suas ações ou mostrasse o quanto sentia falta dela. Isso teria limitado sua liberdade, de que ela tanto precisava. Isso a teria feito se virar contra mim.

Em outras famílias, as pressões exercidas sobre as crianças são menos sutis. Uma forma consideravelmente poderosa é ameaçar abandonar a criança como meio de controle, sobretudo quando se trata de uma criança pequena. Diante de tais ameaças, é compreensível que a criança se conformasse aos desejos de seus pais, excluindo do processamento futuro tudo o que ela sabe que eles desejam que ela esqueça. Em outros casos, argumentei que ameaças desse tipo são responsáveis por causar muita ansiedade, tanto aguda quanto crônica (Bowlby 1973), bem como uma resposta de luto na vida adulta que se manifesta como depressão crônica, na qual a pessoa acredita ter sido deliberadamente abandonada, como punição, pela pessoa falecida (Bowlby, 1980).

A hipótese levantada, de que várias formas de transtornos cognitivos observadas em crianças e na vida adulta devem ser atribuídas a influências que atuam inicialmente durante a pré-adolescência, é compatível com indícios de que, durante esses anos, a mente das crianças é especialmente sensível à influência externa. Isso já foi enfatizado pelo fato de que crianças pequenas são vulneráveis a ameaças dos pais de rejeição ou mesmo de abandono. Quando uma criança chega à adolescência, sua vulnerabilidade a tais ameaças diminui claramente.

A propensão de mentes de pré-adolescentes à influência dos pais é bem ilustrada por um experimento de Gill (1970). A amostra foi composta de crianças de 10 anos, provenientes de uma escola primária em Londres, e seus pais. Das 40 famílias não imigrantes convidadas a participar, 25 concordaram. Cada família foi visitada em sua própria casa, e uma série de 10 figuras foram mostradas em uma tela, cada uma delas por dois minutos.

Das 10 figuras utilizadas, cinco foram retiradas de livros ilustrados ou filmes, e as outras foram de testes de apercepção temática. Algumas figuras eram emocionalmente afáveis, como a de uma mãe observando uma menina pequena segurando um bebê, ao passo que outras mostravam cenas de teor agressivo e/ou assustador. Três das figuras retratavam um tema sexual: uma mulher obviamente grávida deitada em uma cama, um casal abraçado na grama e uma mulher segurando os ombros de um homem que parece estar se afastando, com a foto de uma mulher seminua ao fundo.

A série de 10 figuras foi apresentada três vezes consecutivas. Na primeira exibição, pai, mãe e criança foram convidados a escrever de forma independente o que viram acontecer em cada imagem. Na segunda vez, foi solicitado aos membros da família que discutissem cada foto durante os dois minutos em que ela foi mostrada. Durante a terceira exibição, cada membro foi novamente solicitado a escrever de modo independente o que agora via acontecer.

Ao analisar as respostas das crianças às três figuras que retratam temas sexuais, foi constatado que, enquanto metade delas (12) descreveu os temas sexuais de forma bastante direta, a outra metade não o fez. Por exemplo, em relação à foto da mulher obviamente grávida, a resposta sincera de uma criança foi: "Ela está descansando. Vejo que ela está esperando um bebê. Ela está dormindo, eu acho". Já a descrição de outras crianças omitiu qualquer referência à gravidez, como "Alguém está dormindo na cama" e "Há um homem em uma cama. Ele está dormindo".

O segundo passo analisou como os pais discutiram a figura na presença da criança durante a segunda exibição. Essa análise foi conduzida por uma psicóloga que não considerou as respostas das crianças. Novamente, ficou evidente que, enquanto alguns pais foram sinceros sobre a cena retratada, outros não fizeram quaisquer referências a ela e/ou expressaram repulsa. Por exemplo, no caso da mulher grávida, a mãe de uma criança comentou francamente em três ocasiões que a mulher estava esperando um bebê e estava descansando à tarde. Em contrapartida, os pais de outra criança completaram a discussão de dois minutos sem fazer qualquer referência a isso. Em vez disso, eles se concentraram em detalhes emocionalmente neutros, como o penteado da mulher, o material de seu vestido e a qualidade dos móveis. Não surpreendentemente, houve alta correlação entre a forma como as crianças responderam às figuras e o modo como os pais as discutiram posteriormente.

Na terceira exibição, as descrições dadas por todas as crianças melhoraram em precisão, mas as descrições das 12 que responderam com franqueza na primeira exibição melhoraram mais do que as descrições das 13 que não mencionaram o conteúdo das fotos na primeira exibição.

Não havia dúvida de que, durante a discussão das figuras, alguns dos pais estavam, consciente ou inconscientemente, evitando fazer referência ao conteúdo destas. Foi uma inferência razoável também de que a falha de seus filhos em descrever o tema sexual na primeira exibição foi de alguma forma influenciada pelo "clima" que eles haviam experimentado em suas casas. O que o experimento não pôde mostrar, é claro, foi se essas crianças realmente não perceberam a cena retratada ou se a perceberam, mas não conseguiram relatar o que viram. Considerando que os pré-adolescentes tendem a ser lentos e muitas vezes incertos em suas percepções, meu palpite seria o de que pelo menos algumas das crianças no experimento realmente não registraram a natureza do que estava acontecendo. Outros podem ter intuído que a cena era uma que eles não deveriam conhecer e, portanto, evitaram reconhecê-la.

À primeira vista, a noção de que informações de determinado significado podem ser desligadas ou seletivamente excluídas da percepção parece ser paradoxal. Pergunta-se: como uma pessoa pode excluir seletivamente o processamento de um estímulo, a menos que primeiramente perceba esse estímulo que deseja excluir? No entanto, esse obstáculo desaparece quando concebemos a percepção como um processo de várias etapas, como é compreendido atualmente. De fato, os estudos experimentais sobre processamento de informações humanas realizados na última década nos permitem ter uma compreensão muito melhor da natureza dos processos de exclusão que temos discutido, em comparação com o que era possível quando Freud e outros na tradição psicodinâmica formularam pela primeira vez as teorias de defesa que têm sido tão influentes desde então. A seguir, apresento um breve esboço dessa nova abordagem.

Estudos da percepção humana (Erdelyi, 1974; Norman, 1976) demonstraram que, antes que uma pessoa esteja ciente de ver ou ouvir algo, o influxo sensorial que passa por seus olhos ou seus ouvidos já passou por muitos estágios de seleção, interpretação e avaliação, durante os quais uma grande proporção do influxo original foi excluída. A razão para essa exclusão extensiva é que os canais responsáveis pelo processamento mais avançado têm capacidade limitada e, portanto, devem ser protegidos de sobrecarga. Para garantir que apenas o mais relevante passe e o menos relevante seja excluído, a seleção do fluxo de entrada está sob controle central, ou, poderíamos dizer, sob controle do ego. Embora esse processamento seja realizado em velocidades extraordinárias e quase todo ele fora da consciência, grande parte do fluxo de entrada foi, no entanto, levada a um estágio muito avançado de processamento antes de ser excluída. Os resultados de experimentos sobre escuta dicótica fornecem exemplos marcantes.

Nesse tipo de experimento, duas mensagens diferentes são transmitidas de maneira simultânea para uma pessoa, uma mensagem para cada ouvido. A pessoa é então orientada a atender apenas a uma dessas mensagens, digamos a que está sendo recebida pelo ouvido direito. Para garantir que ela dê atenção contínua a essa mensagem específica, ela é solicitada a "sombrear" essa mensagem, repetindo-a palavra por palavra enquanto a ouve. Manter as duas mensagens distintas é relativamente fácil, e, no final da sessão, em geral o sujeito desconhece totalmente o conteúdo da mensagem não ouvida. No entanto, há exceções significativas. Por exemplo, se o próprio nome do sujeito ou alguma palavra pessoalmente significativa ocorrer na mensagem não atendida, é provável que ele note e se lembre disso. Isso demonstra que, mesmo que conscientemente ele não preste atenção, essa mensagem está sendo submetida a um processamento contínuo e muito avançado, durante o qual seu significado está sendo monitorado e seu conteúdo está sendo avaliado como mais ou menos relevante, tudo isso sem que a pessoa tenha consciência do que está acontecendo.

No curso normal da vida de uma pessoa, os critérios aplicados ao influxo sensorial, que determinam quais informações devem ser aceitas e quais devem ser excluídas, são facilmente inteligíveis, refletindo o que é, a qualquer momento, do melhor interesse da pessoa. Assim, quando a pessoa está com fome, o fluxo sensorial relacionado à comida é priorizado, enquanto muito mais que poderia ser de seu interesse em outros momentos é excluído. No entanto, se o perigo a ameaçasse, as prioridades mudariam de maneira rápida, de modo que o fluxo de entrada relacionado a questões de perigo e segurança teria precedência, e o fluxo relacionado a alimentos seria temporariamente excluído. Essa mudança nos critérios que regem o que deve ser aceito e o que deve ser excluído é efetuada por meio da avaliação de sistemas centrais da personalidade.

Ao resumir as descobertas de uma disciplina vizinha, os principais pontos que desejo enfatizar são os seguintes: em primeiro lugar, ao longo da vida de uma pessoa, ela se empenha em excluir uma grande proporção de todas as informações que recebe. Em segundo lugar, essa exclusão ocorre somente após a avaliação de sua relevância pessoal. Em terceiro lugar, esse processo de exclusão seletiva geralmente ocorre sem que a pessoa tenha consciência disso.

É certo que, até o momento, a maioria desses experimentos se concentra no processamento do influxo sensorial atual, sobretudo na percepção, e não na utilização de informações já armazenadas na memória. No entanto, parece provável que os mesmos princípios gerais se apliquem. Em cada caso, os critérios são definidos por um ou mais sistemas centrais de avaliação, e são esses critérios que governam quais informações são encaminhadas para processamento posterior e consciente e o que é excluído. Assim, graças ao trabalho dos psicólogos cognitivos, não há mais dificuldade em imaginar e descrever, em termos operacionais, um aparelho mental capaz de desligar informações de certos tipos especificados e fazer isso sem que a pessoa tenha consciência do que está acontecendo.

Consideremos a seguir a segunda categoria de cenas e experiências que tendem a ser desligadas e esquecidas enquanto continuam a influenciar os pensamentos, os sentimentos e os comportamentos de uma pessoa. Trata-se das cenas e das experiências em que os pais trataram as crianças de maneiras que elas acham insuportáveis demais para pensar ou lembrar. Aqui, novamente, não apenas ocorre amnésia, parcial ou completa, para a sequência de eventos, mas também exclusão da consciência dos pensamentos, dos sentimentos e dos impulsos de ação que são respostas naturais a tais eventos. Isso resulta em grandes transtornos da personalidade que, em suas formas mais comuns e menos graves, tendem a ser diagnosticados como casos de narcisismo ou falso *self*; já em suas formas mais graves, podem ser rotulados como fuga, psicose ou um caso de personalidade múltipla. As experiências que dão origem a tais transtornos provavelmente continuaram ou se repetiram ao longo de vários anos da infância, talvez começando aos 2 ou 3 anos, mas geralmente persistindo durante os 4, 5, 6 e 7 anos, e, sem dúvida, muitas vezes por períodos ainda mais longos. As experiências em si incluem rejeição repetida pelos pais, combinada com desprezo por desejo de amor, cuidado e conforto da criança e, sobretudo nas formas mais graves, violência física (espancamento) repetida e às vezes sistemática, bem como exploração sexual pelo próprio pai ou pelo companheiro da mãe. Às vezes, uma criança nessa situação é submetida a uma combinação de tais experiências.

Começamos pela extremidade menos grave do que parece ser um espectro de síndromes relacionadas.

Um exemplo de paciente rotulado como "falso *self*" já foi mencionado em uma palestra anterior (ver p. 64). Tratava-se de um jovem graduado, gravemente deprimido e com tendências suicidas que se lembrou, durante a análise, de como sua mãe o rejeitara de maneira consistente, ignorava seu choro, trancava-se em seu quarto por vários dias e havia saído de casa muitas vezes. Felizmente, esse paciente estava sob os cuidados de uma terapeuta que entendia seu problema, dava todo o crédito às experiências de infância que ele descrevia e oferecia reconhecimento empático, tanto por seu anseio não correspondido por amor e cuidado quanto pelos sentimentos violentos em relação à sua mãe que seu tratamento havia despertado e que, inicialmente, eram direcionados à ela (terapeuta). Outro paciente com problemas bastante semelhantes, mas com experiências que incluíram também um período de 18 meses em uma instituição impessoal, que se iniciou aos 4 anos, é relatado na Palestra 4. Embora ambos os pacientes tenham feito progressos gratificantes durante o tratamento, os dois permaneceram mais sensíveis do que outros a novos infortúnios.

Durante a última década, vários pacientes, tanto crianças quanto adultos, cujos transtornos parecem ter se originado em experiências semelhantes, mas principalmente mais graves, e que resultaram em uma divisão de personalidade de um grau ainda maior foram descritos por terapeutas. Um exemplo disso é Geraldine, de 11 anos, encontrada vagando em estado atordoado e que perdeu toda a memória, tanto da doença terminal de sua mãe quanto dos eventos dos três anos seguintes. Após um longo período de terapia, descrito em detalhes por McCann (em Furman, 1974), Geraldine resumiu as experiências que precederam sua amnésia: "Com a mamãe, eu morria de medo de sair da linha. Vi com meus próprios olhos como ela atacava, em palavras e ações, meu pai e minha irmã, e, afinal, eu era apenas uma criancinha, muito impotente... Como eu poderia ficar brava com a mamãe – ela era realmente a única segurança que eu tinha... Eu apaguei todos os sentimentos – coisas aconteceram que eram mais do que eu poderia suportar –, porque eu tinha que continuar. Se eu tivesse realmente deixado as coisas me atingirem, eu não estaria aqui. Eu estaria morta ou em um hospital psiquiátrico".*

O complexo estado psicológico de Geraldine, bem como as experiências infantis consideradas responsáveis por ele, guardam estreita semelhança com o estado de pacientes que sofrem de transtorno dissociativo de identidade e com as experiências infantis consideradas responsáveis por eles.

---

*Um longo resumo do relato de McCann é mencionado em *Loss* (Bowlby, 1980, 338-44).

Em um artigo de Bliss (1980), baseado em exames clínicos e terapêutica realizada por meio de hipnose, são descritos 14 pacientes, todos do sexo feminino, com diagnóstico de transtorno dissociativo de identidade. A hipótese que Bliss apresenta é que as personalidades subordinadas que emergem periodicamente em uma paciente são criações cognitivas da personalidade principal formadas durante a infância, entre 4 e 7 anos, quando a criança foi submetida por longos períodos a eventos intensamente angustiantes. Segundo Bliss, cada uma dessas personalidades é criada inicialmente para servir a um propósito ou um papel distinto. A julgar pelos exemplos que ele dá, esses papéis são de três tipos principais. O mais simples e neutro é agir como companheiro e protetor quando a personalidade criadora se sente solitária ou isolada. Um exemplo disso são situações em que os pais são persistentemente hostis e/ou ausentes e não há a quem recorrer. O segundo papel é o de atuar como uma espécie de anestésico para eventos insuportavelmente angustiantes, como no caso de uma criança de 4 ou 5 anos que dividia o quarto com a mãe que, morrendo de câncer, passava horas gritando de dor. O terceiro papel é mais complexo, pois envolve assumir a responsabilidade por pensamentos, sentimentos e ações que o paciente não suporta aceitar como seus. Bliss fornece exemplos que incluem sentir ódio violento de uma mãe que tentou matar o paciente quando criança, um ódio equivalente a uma intenção de realmente assassiná-la, ou sentimentos e ações sexuais após ter sido estuprada quando criança e sentimentos de medo e choro após serem punidos e ameaçados pelos pais.

Como os resultados derivados de procedimentos hipnóticos são controversos, é importante notar que um grupo de pesquisa clínica da University of California, em Irvine, que utiliza procedimentos convencionais e estudou vários casos, chegou a conclusões muito semelhantes às de Bliss* (Reagor, comunicação pessoal). Os procedimentos

---

*Ver também Bliss (1986). Outras evidências de que o transtorno dissociativo de identidade se desenvolve durante a infância como uma defesa contra traumas avassaladores, em geral abusos graves, são relatadas em Kluft (1985).

terapêuticos propostos também têm muito em comum e estão, além disso, em consonância com os conceitos de terapia descritos na palestra final.

Por fim, diversos psiquiatras e psicoterapeutas infantis (p. ex., Stroh, 1974; Rosenfeld, 1975; Bloch, 1978; Hopkins, 1984) descreveram crianças cujos pensamento e comportamento as fazem parecer praticamente psicóticas. Essas crianças exibem ideias pronunciadamente paranoicas e cuja condição, sugerem as evidências, pode ser atribuída a um tratamento persistentemente abusivo por parte dos pais. Essas crianças com frequência são encantadoras e cativantes em um momento e ferozmente hostis no outro, e a mudança ocorre de maneira repentina e sem razão aparente. Além disso, é mais provável que sua maior violência seja dirigida ao indivíduo a quem parecem mais ligadas. Não raro, essas crianças são atormentadas pelo medo intenso de que algum monstro as ataque e elas gastam seu tempo tentando escapar do ataque esperado. Em pelo menos alguns desses casos, há evidências convincentes de que o que elas temem é um ataque de um ou outro dos pais, porém, sendo essa expectativa insuportavelmente assustadora, o ataque esperado é atribuído a um monstro imaginário.

Como exemplo, consideremos o caso de Sylvia, de 6 anos, relatado por Hopkins (1984), cujo principal sintoma era o terror de que as cadeiras e outros móveis, que ela chamava de *Daleks*, voassem pela sala para atingi-la. "O terror dela era intenso e, quando ela se encolhia e se esquivava constantemente como se estivesse prestes a receber um golpe de um *Dalek* ou de algum outro monstro, pensei que ela estava alucinando". Desde o início, Sylvia também expressou o medo de que sua terapeuta a atacasse como sua mãe costumava fazer. Ela não apenas atacava constantemente sua terapeuta, como também muitas vezes ameaçava matá-la.

O pai havia morrido em um acidente automobilístico dois anos antes. Durante muitos meses de entrevistas duas vezes por semana com uma assistente social, a mãe mostrava-se extremamente cautelosa e pouco contava sobre as relações familiares. No entanto, depois de quase dois anos, a verdade veio à tona. A mãe admitiu sua própria rejeição massiva de Sylvia desde o momento de seu nascimento, e os sentimentos assassinos que ela e o pai tinham em relação à menina. Ela confessou que o tratamento dado a Sylvia foi "totalmente brutal". O pai tinha um temperamento extremamente violento e frequentemente descontava sua fúria quebrando os móveis e atirando coisas pelo quarto. Ele espancava Sylvia com frequência e até a atirava pela sala.

Com essa revelação, ficou claro que os *Daleks* de Sylvia não eram apenas fantasias. Por trás da "fantasia" de um ataque de *Dalek*, havia uma expectativa séria baseada na realidade de um ataque do pai ou da mãe. Como disse Bloch (1978), uma premissa básica da abordagem terapêutica que ela e outros como ela defendem para esses casos é de que o que é tão facilmente apelidado de fantasia seja reconhecido como reflexo de uma realidade sombria e que a tarefa terapêutica inicial é identificar as experiências da vida real que estão por trás da camuflagem.

Não apenas as experiências infantis dessas crianças quase psicóticas são as mesmas que se acredita serem características de pacientes adultos com transtorno dissociativo de identidade, mas os estados mentais descritos pelos respectivos terapeutas também têm características surpreendentemente semelhantes. Portanto, parece altamente provável que ambas as condições estejam intimamente relacionadas. Observa-se, ainda, que esses achados dão suporte à hipótese avançada de Niederland (1959a e b, discutida por Bowlby, 1973) de que os delírios paranoicos do juiz Schreber, usados por Freud como base para sua teoria da paranoia, eram versões distorcidas do regime pedagógico extremo a que o pai do paciente o submetia desde os primeiros meses de vida.

Nesta contribuição, como em quase todos os meus trabalhos, tenho focado minha atenção na psicopatologia e em algumas das condições que a originam. Minha razão para fazê-lo é acreditar que somente com a melhor compreensão da etiologia e da psicopatologia será possível desenvolver técnicas terapêuticas e, mais especialmente, medidas preventivas que serão ao mesmo tempo eficazes e econômicas em mão de obra qualificada.

Minha abordagem terapêutica está longe de ser original. A hipótese básica pode ser afirmada de forma simples. Enquanto os modos atuais de perceber e interpretar as situações e os sentimentos e as ações que delas decorrem forem determinados por eventos e experiências emocionalmente significativos que se tornaram inclusos de um processamento consciente posterior, a personalidade estará propensa à cognição, ao afeto e ao comportamento mal-adaptados à situação atual. Enquanto o anseio por amor e cuidado for fechado, ele continuará inacessível. Enquanto houver raiva, esta continuará a ser direcionada a alvos inadequados. Da mesma forma, a ansiedade continuará sendo despertada por situações inadequadas, e o comportamento hostil será esperado de fontes inadequadas. Portanto, a tarefa terapêutica é ajudar o paciente a descobrir quais podem ser esses eventos e essas experiências, para que os pensamentos, os sentimentos e os comportamentos que as situações despertam e que continuam a ser tão incômodos possam ser relacionados novamente às situações que os desencadearam. Assim, os verdadeiros alvos de seu anseio e sua raiva, bem como as verdadeiras fontes de sua ansiedade e seu medo, se tornarão evidentes. Tais descobertas não apenas mostrarão que seus modos de cognição, sentimento e comportamento são muito mais inteligíveis, dadas as circunstâncias em que se originaram, do que pareciam antes, mas, uma vez que o paciente tenha compreendido como e por que está respondendo como está, ele estará em condições de reavaliar suas respostas e, se assim desejar, promover uma reestruturação radical. Uma vez que tal reavaliação e reestruturação só podem ser alcançadas pelo próprio paciente, a ênfase nessa formulação da tarefa do terapeuta está em ajudar o paciente primeiro a descobrir por *si mesmo* quais foram as prováveis cenas e experiências relevantes e, em segundo lugar, passar um tempo refletindo sobre como elas continuaram a influenciá-lo. Somente assim ele estará em condições de promover a reorganização de seus modos de construir o mundo, e pensar e agir conforme necessário.

Os conceitos de processo terapêutico aqui delineados são semelhantes aos descritos com muito mais detalhes por outros autores. Exemplos disso são as publicações de Peterfreund (1983) e de Guidano e Liotti (1983). Embora os autores desses dois livros tenham iniciado seu trabalho terapêutico a partir de posições radicalmente diferentes, ou seja, versões tradicionais da psicanálise e da terapia comportamental, respectivamente, os princípios que agora norteiam seu trabalho mostram uma convergência marcante. Do mesmo modo, os tipos atuais de terapia do luto, antes concentrados em eventos angustiantes em um passado relativamente recente, baseiam-se nos mesmos princípios, mesmo quando desenvolvidos entre tradições igualmente diferentes (Raphael, 1977; Melges & DeMaso, 1980). Por mais que ainda apareçam táticas divergentes, o pensamento estratégico está em curso convergente.

7
O papel do apego no desenvolvimento da personalidade

Durante a década de 1980, houve um rápido acúmulo de evidências sobre o papel do apego no desenvolvimento da personalidade. Achados anteriores foram replicados em amostras de origem diversa, os métodos de observação foram aperfeiçoados e novos métodos foram introduzidos, e o papel da comunicação bidirecional fácil entre pais e filhos na criação de um desenvolvimento emocional saudável tem sido enfatizado. Como acredito que este novo trabalho tenha implicações clínicas de longo alcance, meu objetivo nesta palestra foi apresentar uma revisão desses achados de maneira adequada para aqueles que trabalham como psicoterapeutas no campo da saúde mental.

Para facilitar a leitura, começarei reafirmando resumidamente algumas das características mais distintivas da teoria do apego.

Características distintivas da teoria do apego

Lembre-se de que a teoria do apego foi desenvolvida para explicar certos padrões de comportamento característicos não só de bebês e crianças pequenas, como também de adolescentes e adultos que antes eram conceituados em termos de dependência e excesso de dependência. Em sua formulação original, as observações do comportamento de crianças pequenas em lugares estranhos com pessoas desconhecidas e os efeitos dessas experiências nas relações futuras de uma criança com seus pais foram especialmente influentes. Em todos os trabalhos posteriores, a teoria continuou a estar intimamente ligada a observações detalhadas e dados de entrevistas de como os indivíduos respondem em situações específicas. Historicamente, a teoria foi desenvolvida a partir da tradição das relações de objeto na psicanálise, mas também se baseou em conceitos da teoria da evolução, etologia, teoria do controle e psicologia cognitiva. Esse processo resultou na reformulação da metapsicologia psicanalítica, tornando-a mais compatível com a biologia e a psicologia moderna, seguindo critérios comumente aceitos das ciências naturais (ver Palestra 4).

A teoria do apego enfatiza:

a o *status* primário e a função biológica dos laços emocionais íntimos entre os indivíduos, cuja criação e manutenção são postulados como controlados por um sistema cibernético localizado no sistema nervoso central, utilizando modelos funcionais do *self* e figura de apego em relação um ao outro;*

---

*Em publicações anteriores, às vezes usei o termo "modelo representacional" como sinônimo de "modelo funcional", porque a representação tem sido o conceito mais familiar na literatura clínica. Em uma psicologia dinâmica, no entanto, modelo funcional é o termo mais apropriado, e é também o termo que agora está entrando em uso entre os psicólogos cognitivos (p. ex., Johnson-Laird, 1983). Dentro da estrutura de apego, o conceito de modelo funcional de uma figura de apego é, em muitos aspectos, equivalente e substitui o conceito psicanalítico tradicional de objeto interno.

b a poderosa influência sobre o desenvolvimento da criança pelas formas como ela é tratada por seus pais, sobretudo sua figura materna;

c o conhecimento atual do desenvolvimento infantil requer que uma teoria das trajetórias de desenvolvimento substitua as teorias que invocam fases específicas do desenvolvimento em que uma pessoa pode se fixar e/ou para a qual ela pode regredir.

A primazia dos laços emocionais íntimos

A teoria do apego considera a propensão a construir laços emocionais íntimos com indivíduos específicos um componente básico da natureza humana, já presente na forma germinativa do recém-nascido e continuando na vida adulta até a velhice. Durante a infância, os laços são com os pais (ou substitutos dos pais), procurados para proteção, conforto e apoio. Na adolescência saudável e na vida adulta, esses laços persistem, mas são complementados por novos vínculos, comumente de natureza heterossexual. Embora comida e sexo às vezes desempenhem papéis importantes nas relações de apego, o relacionamento existe por direito próprio e tem uma função-chave de sobrevivência própria, ou seja, proteção. Inicialmente, o único meio de comunicação entre bebê e mãe é pela expressão emocional e seu comportamento associado. Embora posteriormente complementada pela fala, a comunicação mediada de forma emocional, no entanto, persiste como característica principal das relações íntimas ao longo da vida.

Desse modo, na estrutura de apego, os laços emocionais íntimos não são vistos como subordinados ou derivados de comida e sexo, tampouco o desejo urgente de conforto e apoio na adversidade é considerado infantil, como a teoria da dependência implica. Em vez disso, a capacidade de estabelecer vínculos emocionais íntimos com outros indivíduos, às vezes no papel de cuidador, outras no de ser cuidado, é considerada a característica principal do funcionamento efetivo da personalidade e da saúde mental.

Como regra geral, a busca por cuidados é demonstrada por um indivíduo mais fraco e menos experiente em relação a alguém considerado mais forte e/ou mais sábio. Uma criança ou uma pessoa idosa no papel de busca de cuidado mantém o grau de proximidade ou de acessibilidade imediata ao alcance do cuidador dependendo das circunstâncias: daí o conceito de comportamento de apego.

A prestação de cuidados, papel principal dos pais e complementar ao comportamento de apego, é considerada sob a mesma luz que a da busca de cuidados, ou seja, como um componente básico da natureza humana (ver Palestra 1).

Explorar o ambiente, incluindo brincadeiras e atividades variadas com os pares, é visto como terceiro componente básico e antítese do comportamento de apego. Quando um indivíduo (de qualquer idade) se sente seguro, é provável que ele explore para além de sua figura de apego. Quando alarmado, ansioso, cansado ou doente, ele deseja proximidade. Assim, vemos o padrão típico de interação entre a criança e os pais, conhecido como exploração a partir de uma base segura, descrito pela primeira vez por Ainsworth (1967). Desde que os pais sejam conhecidos por sua acessibilidade e sua disponibilidade quando chamados, uma criança saudável sente-se segura o suficiente para explorar. Inicialmente, essas explorações são limitadas, tanto no tempo quanto no espaço. No entanto, por volta de 3 anos e meio, uma criança segura começa a se tornar confiante o suficiente para aumentar o tempo e a distância – primeiro metade e, depois, dias inteiros. À medida que ela se desenvolve na adolescência, suas excursões são estendidas para semanas ou meses, porém uma base segura continua sendo indispensável para o funcionamento ideal, assim como para a saúde mental. Note que o conceito de base segura é característica central da teoria da psicoterapia proposta.

Nos primeiros meses de vida, uma criança mostra muitas respostas que compõem o que mais tarde se tornará um comportamento de apego, mas o padrão organizado não se desenvolve até a segunda metade do primeiro ano. Desde o nascimento, ela demonstra capacidade germinal de se envolver em interação social e prazer nisso (Stern, 1985): portanto, não há fase autística ou narcisista. Além disso, em poucos dias, ela é capaz de distinguir sua figura materna das demais pessoas por meio do cheiro da mãe e ouvindo sua voz, bem como pela maneira como ela o segura. A discriminação visual não é confiável até o segundo trimestre. Inicialmente, chorar é o único meio disponível para sinalizar sua necessidade de cuidado, e o contentamento é o único meio de sinalizar sua satisfação. No entanto, no segundo mês, o sorriso social do bebê atua significativamente para incentivar a mãe em suas interações, e seu repertório de comunicações emocionais se expande rapidamente (Izard, 1982; Emde, 1983).

O desenvolvimento do comportamento de apego como um sistema organizado, visando a manter a proximidade ou a acessibilidade a uma figura materna específica, requer que a criança tenha desenvolvido a capacidade cognitiva de manter sua mãe em mente quando ela não está presente. Essa habilidade se desenvolve durante a segunda metade do primeiro ano de vida. Assim, a partir dos 9 meses, grande parte das crianças responde com protesto e choro ao ser deixada com uma pessoa estranha, bem como demonstra inquietação e rejeição ao estranho. Essas observações demonstram que, durante esse período, a criança está se tornando capaz de representação e que seu modelo funcional da mãe está disponível para fins de comparação durante sua ausência e para reconhecimento após seu retorno. Além disso, a criança desenvolve um modelo funcional de si mesma em interação com a mãe e com o pai.

Uma característica importante da teoria do apego é a hipótese de que o comportamento de apego é organizado por meio de um sistema de controle no sistema nervoso central, análogo aos sistemas de controle fisiológico, que mantêm as medidas fisiológicas, como pressão arterial e temperatura corporal, conforme os limites estabelecidos. Assim, a teoria propõe que, de forma análoga à homeostase fisiológica, o sistema de controle de apego mantém a relação de uma pessoa com sua figura de apego entre certos limites de distância e acessibilidade, usando métodos cada vez mais sofisticados de comunicação para fazê-lo. Como tal, os efeitos de sua operação podem ser considerados um exemplo do que pode ser chamado de homeostase ambiental (Bowlby, 1969, 1982). Ao postular um sistema de controle desse tipo (juntamente a sistemas análogos controlando outras formas de comportamento), a teoria do apego incorpora uma teoria da motivação, que pode substituir as teorias tradicionais baseadas no acúmulo postulado de energia ou impulso. Uma das várias vantagens da teoria do controle é que ela dá a mesma atenção tanto às condições que encerram uma sequência comportamental quanto às que a iniciam, e está provando ser uma estrutura frutífera para a pesquisa empírica.

A presença de um sistema de controle de apego e sua ligação com os modelos funcionais de *self* e da(s) figura(s) de apego que são construídos na mente durante a infância são considerados características centrais do funcionamento da personalidade ao longo da vida.

Padrões de apego e condições que determinam seu desenvolvimento

A segunda área à qual a teoria do apego presta especial atenção é o papel dos pais na determinação do desenvolvimento de uma criança. Atualmente, há evidências impressionantes e crescentes de que o padrão de apego que um indivíduo desenvolve durante os anos de imaturidade – primeira infância, infância e adolescência – é profundamente influenciado pela maneira como seus pais (ou outras figuras parentais) o tratam. Essa evidência se origina de uma série de estudos de pesquisa sistemática, sendo os mais impressionantes os prospectivos de desenvolvimento socioemocional nos primeiros cinco anos, realizados por psicólogos do desenvolvimento, que também são clinicamente sofisticados. Esses estudos, pioneiramente conduzidos por Ainsworth (Ainsworth, Blehar, Waters, & Wall, 1978; Ainsworth, 1985) e notavelmente expandidos por Main (Main, Kaplan, & Cassidy, 1985) e Sroufe (1983, 1985) nos Estados Unidos e por Grossmann (Grossmann, Grossmann, & Schwan, 1986) na Alemanha, estão agora se multiplicando rapidamente. Suas descobertas são significativamente consistentes e têm significados clínico claros.

Três padrões principais de apego, descritos pela primeira vez por Ainsworth e colaboradores em 1971, são agora identificados de maneira confiável, juntamente às condições familiares que os promovem. O primeiro é o padrão de apego seguro, no qual o indivíduo está confiante de que seus pais (ou figura paterna) estarão disponíveis, responsivos e úteis caso ele encontre situações adversas ou assustadoras. Com essa segurança, a criança sente-se ousada em suas explorações do mundo. Esse padrão é promovido por um dos pais, nos primeiros anos, sobretudo pela mãe, que está prontamente disponível, sensível aos sinais da criança e amorosamente responsiva quando ela busca proteção e/ou conforto.

Um segundo padrão é o apego resistente à ansiedade, no qual o indivíduo não tem certeza se seus pais estarão disponíveis, responsivos ou úteis quando chamados. Em virtude dessa incerteza, ele é sempre propenso à ansiedade de separação, tendendo a ficar grudado e ansioso ao explorar o mundo. Esse padrão, no qual o conflito é evidente, é promovido por um progenitor que está disponível e útil em algumas ocasiões, mas não em outras, e por separações e, como mostram os resultados clínicos, ameaças de abandono usadas como meio de controle.

Um terceiro padrão é o apego ansioso e evitante, no qual o indivíduo não tem confiança de que, quando procura atendimento, será respondido de forma útil, mas, de modo oposto, espera ser rejeitado. Quando, em grau acentuado, tal indivíduo tenta viver sua vida sem o amor e o apoio dos outros, ele tenta tornar-se emocionalmente autossuficiente e pode ser posteriormente diagnosticado como narcisista ou como tendo um falso *self* do tipo descrito por Winnicott (1960). Esse padrão, no qual o conflito é mais oculto, é resultado de a mãe do indivíduo constantemente rejeitá-lo quando ele se aproxima dela para conforto ou proteção. Os casos mais extremos resultam de repetidas rejeições.

Embora na maioria dos casos o padrão observado esteja em conformidade com um ou outro dos três tipos bem reconhecidos, houve exceções intrigantes. Durante o procedimento de avaliação utilizado nesses estudos (a estranha situação de Ainsworth), no qual o bebê e a mãe são observados em interação durante uma série de episódios breves, certos bebês parecem estar desorientados e/ou desorganizados. Uma criança parece atordoada, outra congela imóvel, uma terceira envolve-se em alguma estereotipia e uma quarta inicia um movimento, depois para inexplicavelmente. Após muito estudo, Main e colaboradores concluíram que essas formas peculiares de comportamento ocorrem em bebês que estão exibindo uma versão desorganizada de um dos três padrões típicos, na maioria das vezes o ansioso resistente (Main & Weston, 1981; Main & Salomão, 1990). Alguns casos são vistos em bebês conhecidos por terem sido fisicamente abusados e/ou grosseiramente negligenciados pelos pais (Crittenden, 1985). Outros ocorrem em díades em que a mãe sofre de uma forma grave de transtorno afetivo bipolar e que trata seu filho de maneira errática e imprevisível (Radke-Yarrow et al., 1985). Outros ainda são mostrados pelos filhos de mães que ainda estão preocupadas em lamentar uma figura parental perdida durante a infância da mãe e por aqueles de mães que sofreram abuso físico ou sexual quando crianças (Main & Hesse, 1990). Os casos que mostram esses padrões desviantes são claramente de grande preocupação clínica, e muita atenção está sendo dada a eles.

O conhecimento das origens desses padrões desviantes confirma, da maneira mais clara possível, a influência do tratamento dos pais sobre o padrão de apego da criança. Ainda mais evidências confirmatórias vêm de observações detalhadas da maneira como diferentes mães tratam seus filhos durante uma sessão de laboratório organizada quando a criança tem 2 anos e meio (Matas, Arend, & Sroufe, 1978). Nesse estudo, a criança recebe uma tarefa pequena, mas difícil, para a solução, em que ela requer um pouco de assistência, e sua mãe é livre para interagir com ela. Nessa situação, verifica-se que a maneira como a mãe trata o filho está estreitamente correlacionada com o padrão de apego que seu filho demonstrou em relação a ela 18 meses antes. Assim, a mãe de uma criança anteriormente avaliada como seguramente apegada é considerada atenta e sensível ao desempenho do seu filho, respondendo aos seus sucessos e às suas dificuldades de forma útil e encorajadora. Em contrapartida, a mãe de uma criança anteriormente avaliada como insegura é considerada menos atenta e/ou menos sensível. Em alguns casos, as respostas da mãe são inoportunas e inúteis; em outros, ela pode dar pouca atenção ao que ela está fazendo ou como ela está se sentindo; em outros, ela pode ativamente desencorajar ou rejeitar os pedidos de ajuda e encorajamento do filho. Observa-se que o padrão de interação adotado pela mãe de um bebê seguro fornece um excelente modelo para o padrão de intervenção terapêutica aqui defendido.

Ao enfatizar a grande influência que a mãe de uma criança tem em seu desenvolvimento, é necessário considerar também o que levou essa mãe a adotar o estilo de maternagem que ela tem. Uma grande influência sobre isso é a quantidade de apoio emocional, ou a falta dele, que ela está recebendo no momento. Outra é a forma de maternidade que ela recebeu quando criança. Uma vez que esses fatores são reconhecidos, como têm sido por muitos clínicos de orientação analítica há muito tempo, a ideia de culpar os pais evapora, sendo substituída por uma abordagem terapêutica. Como os problemas emocionais dos pais decorrentes do passado e seus efeitos sobre os filhos se tornaram agora um campo de pesquisa sistemática, uma breve descrição do trabalho atual é dada no final da Palestra 8.

Persistência de padrões

Se voltarmos agora aos padrões de apego observados em crianças de 1 ano, estudos prospectivos mostram que cada padrão de apego, uma vez desenvolvido, tende a persistir. Uma razão para isso é que a maneira como um pai trata uma criança, seja para melhor ou para pior, tende a continuar inalterada. Outra é que cada padrão tende a ser autoperpetuante. Assim, uma criança segura é mais feliz e mais cooperativa para cuidar, bem como menos exigente do que uma ansiosa. Por sua vez, uma criança ansiosa ambivalente costuma ser "chorona" e "grudada"; ao passo que uma criança ansiosa e evitante tende a manter distância e é propensa a intimidar outras crianças. Nos últimos casos, o comportamento da criança é suscetível de provocar uma resposta desfavorável do progenitor, criando, assim, círculos viciosos.

Embora, por essas razões, os padrões, uma vez formados, estejam aptos a persistir, isso não é necessariamente assim. Evidências mostram que, durante os primeiros dois ou três anos, o padrão de apego é uma propriedade do relacionamento, como filho para mãe ou filho para pai, e, se o progenitor tratar a criança de forma diferente, o padrão mudará de acordo com isso. Essas mudanças estão entre as diversas evidências revisadas por Sroufe (1985) de que a estabilidade do padrão, quando ocorre, não pode ser atribuída ao temperamento inato da criança, como às vezes tem sido alegado. No entanto, à medida que uma criança cresce, o padrão torna-se cada vez mais uma propriedade dela, o que significa que ela tende a impô-lo, ou algum derivado dele, a novos relacionamentos, como, por exemplo, com um professor, uma mãe adotiva ou um terapeuta.

Os resultados desse processo de internalização são evidentes em um estudo prospectivo que mostra que o padrão de apego característico do par mãe–filho, avaliado quando a criança tem 12 meses, é altamente preditivo de como essa criança se comportará em um grupo da creche (com a mãe ausente) três anos e meio depois. Desse modo, as crianças que demonstraram um padrão seguro com a mãe aos 12 meses provavelmente serão descritas pela equipe do berçário como cooperativas, populares entre outras crianças, resilientes e desembaraçadas. Já aquelas que apresentaram padrão ansioso evitativo provavelmente serão descritas como emocionalmente isoladas, hostis ou antissociais e, de maneira paradoxal, como buscando indevidamente atenção. Crianças que apresentaram padrão de resistência ansiosa possivelmente também serão descritas como buscando indevidamente atenção e como tensas, impulsivas e facilmente frustradas, ou então como passivas e indefesas (Sroufe, 1983). Em vista dessas descobertas, não é de surpreender que, em dois outros estudos prospectivos, um pioneiro na Califórnia (Main & Cassidy, 1988) e um replicado na Alemanha (Wärtner, 1986), o padrão de apego avaliado aos 12 meses seja altamente preditivo também de padrões de interação com a mãe cinco anos depois.

Embora o repertório do comportamento de uma criança de 6 anos em relação a um dos pais seja muito maior do que o de uma criança de 1 ano, os padrões anteriores de apego são, no entanto, facilmente discerníveis em uma idade mais avançada por um observador treinado. Dessa forma, as crianças classificadas como seguramente apegadas aos 6 anos são aquelas que tratam seus pais de maneira relaxada e amigável, estabelecem intimidade fácil e sutil e se envolvem em um fluxo livre de conversação. As crianças classificadas como ansiosas e resistentes mostram uma mistura de insegurança, incluindo tristeza e medo, e de intimidade alternada com hostilidade, que às vezes é sutil, e, em outras, evidente. Em alguns desses casos, o comportamento da criança pode parecer a um observador como autoconsciente ou mesmo artificial. Como se estivessem sempre antecipando uma resposta negativa dos pais, tentam agradar exibindo-se, talvez por serem fofas ou especialmente charmosas (Main & Cassidy, 1988; Main, comunicação pessoal).

Crianças de 6 anos classificadas como ansiosas e evitativas tendem a manter os pais silenciosamente a distância. Tais saudações que eles dão são formais e breves, e os tópicos da conversa permanecem impessoais. A criança se mantém ocupada com brinquedos ou alguma outra atividade e ignora ou até desdenha as iniciativas dos pais.

As crianças que aos 12 meses pareciam desorganizadas e/ou desorientadas são consideradas cinco anos mais tarde conspícuas, por sua tendência a controlar ou dominar os pais. Um exemplo disso é tratar os pais de maneira humilhante e/ou com rejeição; outra é ser solícita e protetora. Esses são exemplos claros do que os médicos rotularam como inversão, ou reversão, dos papéis da criança e dos pais. As conversas entre eles são fragmentadas, frases iniciadas, mas deixadas inacabadas, tópicos abordados, mas alterados de maneira abrupta.

Ao considerar a persistência dos padrões de interação de uma criança de 6 anos com os pais e outras figuras parentais, surge uma questão crítica: em que medida os padrões nessa idade estão enraizados na personalidade da criança e em que medida são um reflexo da maneira como os pais ainda a tratam? A resposta que a experiência clínica aponta é que, nessa idade, ambas as influências estão em ação, de forma que as intervenções mais eficazes são as que consideram as duas, por exemplo, por meio de terapia familiar ou oferecendo ajuda em paralelo a pais e filhos.

Ainda se sabe muito pouco sobre como a influência no desenvolvimento da personalidade das interações com a mãe se compara com a influência com o pai. Não seria surpresa que diferentes facetas da personalidade, manifestadas em diferentes situações, fossem influenciadas de maneira diferente. Além disso, as respectivas influências sobre os homens diferem de suas influências sobre as mulheres. É claramente uma área complexa que exigirá muita pesquisa. Enquanto isso, parece provável que, pelo menos durante os primeiros anos de vida de um indivíduo, o modelo do *self* em interação com a mãe seja o mais influente dos dois. Isso dificilmente seria uma surpresa, já que, em todas as culturas conhecidas, a maioria dos bebês e das crianças pequenas interagem muito mais com a mãe do que com o pai.

Deve-se reconhecer que, até o momento, os estudos prospectivos da persistência relativa dos padrões de apego e das características de personalidade de cada um ainda não foram realizados além do sexto ano. Mesmo assim, dois estudos transversais com jovens adultos mostraram que as características da personalidade de cada padrão durante os primeiros anos também podem ser encontradas em jovens adultos (Kobak & Sceery, 1988; Cassidy & Kobak, 1988; Hazan & Shaver, 1987), sendo mais do que provável que, exceto nos casos em que as relações familiares tenham mudado de modo substancial nesse intervalo, elas tenham estado presentes continuamente. Toda a nossa experiência clínica apoia fortemente essa visão.

Uma teoria da internalização

A fim de explicar a tendência dos padrões de apego se tornarem cada vez mais uma propriedade da criança, a teoria do apego invoca o conceito de modelos funcionais de *self* e dos pais já descritos. Os modelos funcionais que uma criança constrói de sua mãe e suas formas de se comunicar e se comportar em relação a ela, bem como um modelo comparável de seu pai, junto aos modelos complementares de si mesma em interação com cada um, estão sendo construídos por uma criança durante os primeiros anos de sua vida e, postula-se, logo se estabelecem como estruturas cognitivas influentes (Main, Kaplan, & Cassidy, 1985). As evidências revisadas sugerem fortemente que as formas que eles tomam são baseadas na experiência da vida real da criança em interações do dia a dia com seus pais. Posteriormente, o modelo de si mesma que ela constrói reflete também as imagens que seus pais têm dela, imagens comunicadas não apenas pela forma como cada um a trata, mas pelo que cada um lhe diz. Esses modelos governam como ela se sente em relação a cada progenitor e sobre si mesma, como ela espera que cada um deles a trate e como ela planeja seu próprio comportamento em relação a eles. Eles governam os medos e os desejos expressos em seus sonhos.

As evidências sugerem que, uma vez construídos, os modelos de um progenitor e o *self* em interação tendem a persistir e são tão dados como certos que passam a operar em nível inconsciente. À medida que uma criança seguramente apegada cresce e seus pais a tratam de forma diferente, ocorre uma atualização gradual dos modelos. Isso significa que, embora sempre haja um intervalo de tempo, seus modelos operacionais atuais continuam a ser simulações razoavelmente boas de si mesma e de seus pais em interação. Em contrapartida, no caso da criança ansiosamente apegada, essa atualização gradual dos modelos é, em algum grau, obstruída pela exclusão defensiva de experiências e informações discrepantes. Isso significa que os padrões de interação aos quais os modelos levam, tendo se tornado habituais, generalizados e em grande parte inconscientes, persistem em um estado mais ou menos inalterado, mesmo quando o indivíduo, mais tarde na vida, está lidando com pessoas que o tratam de maneiras muito diferentes daquelas que seus pais adotaram quando ele era criança.

A pista para a compreensão dessas diferenças no grau em que os modelos estão atualizados está nas profundas diferenças na liberdade de comunicação entre mãe e filho que caracterizam os pares dos dois tipos. Essa é uma variável para a qual Bretherton (1987) chamou especial atenção.

Observaremos que, no estudo longitudinal de Main, descrito anteriormente como padrão de comunicação entre uma criança de 6 anos e sua mãe, como observado em uma díade que, cinco anos antes, havia apresentado padrão seguro de apego, é muito diferente do observado em uma díade que já havia demonstrado um padrão inseguro. Enquanto as díades seguras se envolveram em conversas de fluxo livre entrelaçadas com expressões de sentimento e tocando em uma variedade de tópicos, incluindo os pessoais, as díades inseguras não o fizeram. Em algumas, a conversa foi fragmentada, e os tópicos mudaram de modo abrupto. Em outros, notadamente nas díades evitativas, a conversa era limitada, os tópicos eram mantidos impessoais e todas as referências ao sentimento eram omitidas. Essas diferenças marcantes no grau em que a comunicação é livre ou restrita são postuladas como de grande relevância para entender por que uma criança se desenvolve de forma saudável e outra fica emocionalmente comprometida. Além disso, não passou despercebido que essa mesma variável, o grau em que a comunicação entre dois indivíduos é restrita ou relativamente livre, tem sido reconhecida há muito tempo como preocupação central na prática da psicoterapia analítica.

Para que uma relação entre quaisquer dois indivíduos prossiga de maneira harmoniosa, cada um deve estar ciente do ponto de vista do outro, de seus objetivos, seus sentimentos e suas intenções, e cada um deve ajustar seu próprio comportamento de tal forma que algum alinhamento de objetivos seja negociado. Isso requer que cada um tenha modelos razoavelmente precisos de si mesmo e do outro que sejam regularmente atualizados pela livre comunicação entre eles. É aqui que as mães das crianças seguramente apegadas se destacam, e as mães das inseguras são marcadamente deficientes.

Uma vez que nos concentramos no grau em que a comunicação entre um par pai–filho é de fluxo livre ou não, rapidamente se torna evidente que, desde os primeiros dias de vida, o grau de liberdade de comunicação nas díades destinados a desenvolver padrão seguro de apego é muito maior do que naqueles que não o fazem (Ainsworth, Bell, & Stayton, 1971; Blehar, Lieberman, & Ainsworth, 1977). É característico de uma mãe cujo bebê se desenvolverá com segurança que ela monitore continuamente o estado dele e, à medida que ele sinaliza que deseja atenção, registre seus sinais e aja de acordo com isso. Em contrapartida, a mãe de uma criança que mais tarde se mostra ansiosamente apegada tende a monitorar o estado de seu bebê apenas de modo esporádico e, quando ela percebe seus sinais, responder tardia e/ou inapropriadamente. Quando uma criança chega em seu primeiro aniversário, essas diferenças na liberdade de comunicação foram claramente evidentes durante o procedimento de situação estranha de Ainsworth (Grossmann, Grossmann, & Schwan, 1986). Mesmo no episódio introdutório, quando o bebê e a mãe estão juntos sozinhos, observou-se que as díades seguras se envolvem mais em comunicação direta, por contato visual, expressão facial, vocalização e mostrando ou oferecendo brinquedos, do que os pares inseguros. À medida que o estresse sobre a criança aumenta, o mesmo acontece com as diferenças entre as díades. Desse modo, no episódio de reunião após a segunda separação, todos, exceto uma das 16 díades seguras, se comunicaram de maneira direta, em contraste com uma minoria das inseguras. Além disso, havia outra diferença muito marcante. Enquanto toda criança classificada como segura era vista em comunicação direta com sua mãe, não apenas quando estava contente, mas também quando estava angustiada, as crianças classificadas como evitativas, quando se envolviam em comunicação direta, o faziam apenas quando estavam satisfeitas.

Assim, aos 12 meses, há crianças que já não expressam às suas mães uma das suas emoções mais profundas ou o desejo igualmente arraigado de conforto e tranquilidade que a acompanha. Não é difícil ver o quão grave é a quebra de comunicação entre a criança e a mãe e o que isso representa. Não só isso, mas porque o automodelo de uma criança é profundamente influenciado pela forma como sua mãe a vê e a trata, o que quer que ela não reconheça nela é provável que não reconheça em si mesma. Dessa forma, postula-se que grandes partes da personalidade em desenvolvimento de uma criança podem se separar, isto é, fora da comunicação com as partes de sua personalidade que a mãe reconhece e responde, que, em alguns casos, incluem características de personalidade que a mãe está atribuindo à criança erroneamente.

O resultado dessa análise é que a obstrução à comunicação entre diferentes partes de uma personalidade, que, desde os primeiros dias Freud viu como o problema crucial a ser resolvido, é agora vista como um reflexo das respostas diferenciais e das comunicações de uma mãe com seu filho. Quando uma mãe responde favoravelmente apenas a algumas das comunicações emocionais de seu filho e fecha os olhos ou desencoraja ativamente as outras, um padrão é estabelecido para que a criança se identifique com as respostas favorecidas e renegue as outras.

É nesse sentido que a teoria do apego explica o desenvolvimento diferencial de personalidades resilientes e mentalmente saudáveis, bem como de personalidades propensas à ansiedade e à depressão, ou a desenvolver falso *self* ou alguma outra forma de vulnerabilidade a problemas de saúde mental. Talvez não seja coincidência que alguns daqueles que abordam problemas de desenvolvimento da personalidade e psicopatologia do ponto de vista cognitivo, mas que também dão peso ao poder da emoção, por exemplo, Epstein (1980, 1986) e Liotti (1986, 1987), vêm formulando teorias que são essencialmente compatíveis com a teoria do apego.

Variações na maneira de uma mãe recordar sua experiência de infância

A conclusão até agora alcançada sobre o papel da comunicação livre, emocional e cognitiva na determinação da saúde mental é fortemente apoiada por uma importante descoberta recente do estudo longitudinal de Main. Como resultado de entrevistar as mães das crianças no estudo, Main encontrou uma forte correlação entre como uma mãe descreve seus relacionamentos com os pais durante sua infância e o padrão de apego que seu filho agora tem com ela (Main, Kaplan, & Cassidy, 1985; ver também Morris, 1981 e Ricks, 1985). Enquanto a mãe de um bebê seguro é capaz de falar com sentimento e livremente sobre sua infância, a mãe de um bebê inseguro não o é.

Nessa parte do estudo, um entrevistador pede à mãe uma descrição de seus primeiros relacionamentos e eventos relacionados ao apego e de seu senso de como esses relacionamentos e eventos afetaram sua personalidade. Ao considerar os resultados, atentou-se mais à maneira como a mãe conta sua história e lida com questões de sondagem sobre ela em relação ao material histórico que descreve. Em nível mais simples, verificou-se que a mãe de uma criança segura provavelmente relatará ter tido uma infância razoavelmente feliz e se mostrará capaz de falar sobre isso prontamente e em detalhes, dando o devido destaque a eventos infelizes que possam ter ocorrido, bem como aos felizes. Em contrapartida, é provável que a mãe de uma criança insegura responda à pesquisa de duas maneiras diferentes. Uma delas, demonstrada por mães de crianças resistentes e ansiosas, descreve um relacionamento infeliz com sua própria mãe, sobre o qual ela ainda está claramente perturbada e no qual ela ainda está enredada mentalmente, e, se sua mãe ainda estiver viva, é evidente que ela está enredada com ela na realidade também. A outra, demonstrada por mães de crianças ansiosas evitativas, é afirmar de forma generalizada que ela teve uma infância feliz, mas não só ela é incapaz de dar qualquer detalhe de apoio, como pode se referir a episódios que apontam em direção oposta. Com frequência, essa mãe insiste que não consegue se lembrar de nada sobre sua infância ou de como foi tratada. Assim, a forte impressão dos clínicos de que uma mãe que teve uma infância feliz tende a ter um filho que demonstra apego seguro a ela e que a que teve uma infância infeliz, mais ou menos encoberta por uma incapacidade de recordar, cria dificuldades é claramente apoiada.

No entanto, uma segunda constatação, não menos interessante e de especial relevância aqui, surge de um estudo das exceções à regra geral. Trata-se das mães que descrevem ter tido uma infância muito infeliz, mas que, no entanto, têm filhos demonstrando apego seguro a elas. Uma característica de cada uma dessas mães, que as distingue das mães de bebês inseguros, é que, apesar de descreverem muita rejeição e infelicidade durante a infância, e talvez fiquem chorosas ao relatar isso, cada uma delas é capaz de contar sua história de maneira fluente e coerente, na qual aspectos tão positivos de suas experiências recebem o devido destaque e parecem ter sido integrados com todos os negativos. Em sua capacidade de equilíbrio, elas assemelham-se às outras mães de bebês seguros. Parecia aos entrevistadores e aos avaliadores das transcrições que essas mães excepcionais haviam pensado muito sobre suas experiências infelizes anteriores e como isso as afetou em longo prazo, bem como sobre como seus pais poderiam tê-las tratado, assim como elas fazem com seus filhos. Na verdade, elas pareciam ter chegado a um acordo com sua experiência.

Em contrapartida, as mães de crianças cujo padrão de apego a elas era inseguro e que também descreviam uma infância infeliz o faziam sem fluência ou coerência; as contradições eram muitas e passavam despercebidas. Além disso, uma mãe que alegou incapacidade de recordar sua infância e que o fez repetida e fortemente era uma mãe cujo filho era inseguro em sua relação com ela.*

À luz dessas descobertas, Main e colaboradores concluem que o livre acesso e a organização coerente de informações relevantes para o apego desempenham um papel determinante no desenvolvimento de uma personalidade segura na vida adulta. Para alguém que teve uma infância feliz, é provável que nenhum obstáculo impeça o livre acesso aos aspectos emocionais e cognitivos de tais informações. Para a pessoa que foi muito infeliz ou cujos pais a proibiram de notar ou lembrar de eventos adversos, o acesso é doloroso e difícil e, sem ajuda, pode realmente ser impossível. No entanto, por mais que ela possa perceber, quando uma mulher consegue reter ou recuperar o acesso a essas memórias infelizes e reprocessá-las de tal modo que ela possa chegar a um acordo com elas, ela é considerada não menos capaz de responder ao comportamento de apego de seu filho para que ele desenvolva um apego seguro com ela do que uma mulher cuja infância foi feliz. Essa é uma descoberta para dar grande encorajamento aos muitos terapeutas que, por muito tempo, procuraram ajudar as mães exatamente dessa maneira. Mais referências a técnicas para ajudar mães perturbadas são mencionadas no final da Palestra 8.

Caminhos para o desenvolvimento da personalidade

Há outra maneira pela qual a teoria do apego difere dos tipos tradicionais de teoria psicanalítica, sobretudo sua rejeição do modelo de desenvolvimento no qual um indivíduo é levado a passar por uma série

---

*Em um exame mais aprofundado dos dados, verificou-se que todas essas correlações também são verdadeiras para os pais (Main, comunicação pessoal).

de estágios em qualquer um dos quais ele pode se tornar fixado ou ao qual ele pode regredir e sua substituição por um modelo no qual um indivíduo é visto como progredindo ao longo de uma matriz de potenciais vias de desenvolvimento. Algumas dessas vias são compatíveis com o desenvolvimento saudável, já outras se desviam em uma ou outra direção de maneiras incompatíveis com a saúde.

Todas as variantes do modelo tradicional que invocam fases de desenvolvimento se baseiam no pressuposto de que, em alguma fase do desenvolvimento típico, a criança apresenta características psicológicas que, em um indivíduo mais velho, seriam consideradas sinais de patologia. Assim, um adulto cronicamente ansioso e apegado pode ser considerado como estando fixado ou tendo regredido a uma fase postulada de oralidade ou de simbiose; já um indivíduo profundamente retraído pode ser considerado como tendo regredido a uma fase postulada do autismo ou do narcisismo. Estudos sistemáticos e sensíveis de crianças, como os relatados por Stern (1985), tornaram esse modelo insustentável. As observações mostram que os bebês são socialmente responsivos desde o nascimento. Crianças com desenvolvimento saudável não mostram apego ansioso, exceto quando estão assustadas ou angustiadas; em outros momentos, elas exploram com confiança.

O modelo das vias de desenvolvimento considera uma criança ao nascimento como tendo uma série de caminhos potencialmente abertos para ela, aquele que ela de fato prosseguirá sendo determinada a cada momento pela interação do indivíduo como ele é e o ambiente que ele está. Cada criança é considerada como tendo sua própria matriz individual de vias potenciais para o desenvolvimento da personalidade, que, exceto para bebês nascidos com certos tipos de danos neurológicos, incluem muitos que são compatíveis com a saúde mental, bem como muitos incompatíveis. Qual caminho particular a criança segue é determinado pelo ambiente no qual ela está, sobretudo a maneira como seus pais (ou substitutos parentais) a tratam e como ela responde a eles. As crianças com pais sensíveis e responsivos são capazes de se desenvolver ao longo de um caminho saudável. Já as com pais insensíveis, indiferentes, negligentes ou rejitadores provavelmente se desenvolverão ao longo de uma via desviante que é, em algum grau, incompatível com a saúde mental e que as torna vulneráveis ao colapso, caso se deparem com eventos adversos graves. Mesmo assim, desde que o curso do desenvolvimento subsequente não seja fixo, as mudanças na forma como uma criança é tratada podem mudar seu caminho em direção mais ou menos favorável. Embora a capacidade de mudança de desenvolvimento diminua com a idade, a transformação para melhor ou para pior é sempre possível e continua ao longo do ciclo de vida. É esse potencial contínuo de mudança que indica que, em nenhum momento da vida, uma pessoa é invulnerável a todas as adversidades possíveis, assim como em nenhum momento da vida uma pessoa é impermeável a uma influência favorável. É esse potencial persistente de mudança que dá oportunidade para uma terapia eficaz.

8

Apego, comunicação e processo terapêutico

Na segunda parte da minha Palestra Maudsley de 1976, "Criação e quebra de laços afetivos" (1977), descrevi algumas de minhas ideias sobre as implicações terapêuticas da teoria do apego. Muito do que foi aprendido desde então reforçou a minha confiança na abordagem. Portanto, este relato deve ser considerado uma amplificação do anterior. Nele, dou atenção mais detalhada às maneiras pelas quais as experiências anteriores dos pacientes afetam a relação de transferência e discuto ainda mais o objetivo do terapeuta como sendo o de permitir que o paciente reconstrua seus modelos funcionais de si mesmo e sua(s) figura(s) de apego(s) para que ele se submeta menos à magia das misérias esquecidas e seja mais capaz de reconhecer os companheiros no presente pelo que eles são.

> Uma coisa que não foi compreendida inevitavelmente reaparece, como um fantasma que não pode descansar até que o mistério tenha sido resolvido, e o feitiço, quebrado.
> **Sigmund Freud (1909)**

> Aqueles que não conseguem se lembrar do passado estão condenados a repeti-lo.
> **George Santayana (1905)**

Cinco tarefas terapêuticas

A teoria do desenvolvimento da personalidade e da psicopatologia já descrita pode ser utilizada como estrutura para orientar cada uma das três principais formas de psicoterapia analítica em uso atualmente – terapia individual, terapia familiar e terapia de grupo. Aqui, eu abordo apenas a primeira.

Um terapeuta que aplica a teoria do apego vê seu papel como sendo o de fornecer as condições em que seu paciente pode explorar seus modelos representacionais de si mesmo e suas figuras de apego, com o objetivo de reavaliá-los e reestruturá-los à luz da nova compreensão que adquire e das novas experiências que tem na relação terapêutica. Ao ajudar o paciente a atingir esse objetivo, o papel do terapeuta pode ser descrito sob cinco tópicos principais.

O primeiro é fornecer ao paciente uma base segura a partir da qual ele possa explorar os vários aspectos infelizes e dolorosos de sua vida, no passado e presente, muitos dos quais ele acha difícil ou talvez impossível pensar e reconsiderar sem um companheiro confiável para fornecer apoio, encorajamento, simpatia e, às vezes, orientação.

O segundo é ajudar o paciente em suas explorações, encorajando-o a considerar as maneiras pelas quais ele se envolve em relacionamentos com figuras significativas em sua vida atual, quais são suas expectativas para seus próprios sentimentos e seus comportamentos e para os de outras pessoas, que preconceitos inconscientes ele pode estar trazendo quando seleciona uma pessoa com quem espera ter um relacionamento íntimo e quando cria situações ruins para ele.

Uma relação específica que o terapeuta encoraja o paciente a examinar, e que constitui a terceira tarefa, é a relação entre os dois. Para isso, o paciente importará todas as percepções, construções e expectativas de como uma figura de apego provavelmente se sentirá e se comportará em relação a ele que seus modelos funcionais dos pais e de si determinam.

A quarta tarefa é encorajar o paciente a considerar como suas percepções, suas expectativas atuais, seus sentimentos e suas ações podem ser o produto tanto de eventos e situações que ele encontrou durante sua infância e adolescência, sobretudo aqueles com seus pais, quanto um produto daquilo que ele pode ter repetidamente ouvido deles. Esse é muitas vezes um processo doloroso e difícil, de modo que com frequência requer que o terapeuta permita que o paciente considere como possibilidades ideias e sentimentos sobre seus pais que ele até agora considerava inimagináveis e impensáveis. Ao fazê-lo, um paciente pode estar movido por fortes emoções e impulsos de ação, alguns direcionados para seus pais e alguns para o terapeuta, muitos dos quais ele acha assustadores e/ou estranhos e inaceitáveis.

A quinta tarefa do terapeuta é permitir que seu paciente reconheça que suas imagens (modelos) de si mesmo e dos outros, derivadas de experiências dolorosas passadas ou de mensagens enganosas emanadas de um progenitor, muitas vezes na literatura erroneamente rotuladas como "fantasias", podem ou não ser apropriadas ao seu presente e futuro; ou, de fato, podem nunca ter sido justificadas. Uma vez que ele tenha compreendido a natureza das imagens (modelos) que o governam e tenha traçado suas origens, pode começar a entender o que o levou a ver o mundo e a si mesmo como ele faz e a sentir, pensar e agir da maneira como ele faz. Ele está em posição de refletir sobre a precisão e a adequação dessas imagens (modelos) e sobre as ideias e ações a que elas levam, à luz de suas experiências atuais de pessoas emocionalmente significativas, incluindo o terapeuta, bem como seus pais, e de si mesmo em relação a cada um. Uma vez que o processo tenha começado, o paciente começa a ver as velhas imagens (modelos) como elas são, produtos razoáveis de suas experiências passadas ou do que lhe foi repetidamente dito. Assim, ele sente-se livre para imaginar alternativas mais bem adaptadas à sua vida atual. Por esses meios, o terapeuta espera permitir que o paciente deixe de ser escravo de estereótipos antigos e inconscientes e sinta, pense e aja de novas maneiras.

Os leitores estarão cientes de que os princípios estabelecidos têm muito em comum com os descritos por outros psicoterapeutas treinados analiticamente que consideram os conflitos que surgem nas relações interpessoais como a chave para uma compreensão dos problemas de seus pacientes, que se concentram na transferência e que dão algum peso, embora de grau variável, à experiência anterior de um paciente com seus pais. Entre os muitos nomes conhecidos que poderiam ser mencionados nesse contexto, estão os de Fairbairn, Winnicott e Guntrip, na Grã-Bretanha, e Sullivan, Fromm-Reichmann, Gill e Kohut, nos Estados Unidos. Entre os trabalhos publicados recentemente que contêm muitas das ideias prescritas aqui, estão os de Peterfreund (1983), Casement (1985), Pine (1985) e Strupp e Binder (1984), bem como os de Malan (1973) e Horowitz et al. (1984) no campo da psicoterapia breve. Em especial, gostaria de chamar a atenção para as ideias de Horowitz e colaboradores, que, em sua descrição do tratamento de pacientes que sofrem de uma síndrome do estresse agudo, empregam um quadro conceitual muito semelhante ao aqui apresentado. Embora sua técnica vise a ajudar os pacientes a se recuperarem dos efeitos de um evento estressante grave recente, acredito que os princípios que informam seu trabalho são igualmente aplicáveis para ajudar os pacientes a se recuperarem dos efeitos de um distúrbio crônico resultante de eventos estressantes de muitos anos atrás, incluindo aqueles que ocorreram durante seus primeiros anos.

Apesar de nesta exposição ser conveniente listar as cinco tarefas do terapeuta de forma lógica, elas estão inter-relacionadas, e, na prática, uma sessão produtiva provavelmente envolverá primeiro uma tarefa, depois outra. No entanto, a menos que o terapeuta possa permitir que o paciente sinta alguma medida de segurança, a terapia não pode sequer começar. Assim, começamos com o papel do terapeuta em fornecer ao paciente uma base segura. Esse é um papel muito semelhante ao descrito por Winnicott como *"holding"* e por Bion como *"containing"*.

Ao fornecer ao paciente uma base segura a partir da qual possa explorar e expressar seus pensamentos e seus sentimentos, o papel do terapeuta é análogo ao de uma mãe que fornece ao seu filho uma base segura a partir da qual explorar o mundo. O terapeuta se esforça para ser confiável, atento e empaticamente responsivo às explorações de seu paciente e, na medida do possível, para ver e sentir o mundo pelos olhos dele, ou seja, ser empático. Ao mesmo tempo, ele está ciente de que, em virtude das experiências adversas de seu paciente no passado, ele pode não acreditar que o terapeuta seja confiável para se comportar gentilmente ou entender sua situação. Em contrapartida, as respostas inesperadamente atentas e simpáticas que o paciente recebe podem levá-lo a supor que o terapeuta lhe proporcionará todo o cuidado e carinho que ele sempre desejou, mas nunca teve. Em um caso, portanto, o terapeuta é visto sob uma luz indevidamente crítica e hostil, ao passo que, no outro, é visto como pronto para fornecer mais do que é de todo realista. Sustenta-se que, uma vez que ambos os tipos de mal-entendidos e desconstruções, e as emoções e os comportamentos a que eles dão origem, são características centrais dos problemas do paciente, um terapeuta precisa ter o conhecimento mais amplo possível das várias formas que essas construções podem assumir, bem como dos muitos tipos de experiência anterior dos quais eles provavelmente surgiram. Sem esse conhecimento, um terapeuta está mal preparado para ver e sentir o mundo como seu paciente está fazendo.

Mesmo assim, a maneira de um paciente interpretar seu relacionamento com o terapeuta não é determinada apenas pela história do paciente, mas pela maneira como o terapeuta o trata. Desse modo, o terapeuta deve se esforçar sempre para estar ciente da natureza de sua própria contribuição para o relacionamento que, entre outras influências, é suscetível de refletir, de uma forma ou de outra, o que ele mesmo experimentou durante sua própria infância. Esse aspecto da terapia, a contratransferência, é um vasto assunto em si e objeto de farta literatura. Uma vez que não é possível lidar com isso mais adiante aqui, quero enfatizar não apenas a importância da contratransferência, mas também que o foco da terapia deve estar sempre nas interações do paciente e do terapeuta no aqui e no agora e que a única razão para encorajar o paciente, às vezes, a explorar seu passado é pela luz que lança sobre suas formas atuais de sentir e lidar com a vida.

Com essa condição firmemente em mente, consideraremos algumas das formas mais comuns que as construções errôneas de um paciente podem assumir e como elas provavelmente se originaram. Esse é o aspecto da terapia em que o trabalho de um terapeuta que adota a teoria do apego provavelmente diferirá mais daqueles que adotam algumas das teorias tradicionais de desenvolvimento da personalidade e da psicopatologia. Assim, por exemplo, um terapeuta que vê as percepções distorcidas e os mal-entendidos de seu paciente como produtos razoáveis daquilo que o paciente realmente experimentou no passado, ou foi repetidamente dito a ele, difere muito de alguém que vê essas mesmas percepções distorcidas e mal-entendidos como um fruto irracional da fantasia autônoma e inconsciente.

No que apresento a seguir, baseio-me em várias fontes distintas de informação: estudos de epidemiologistas, estudos de psicólogos do desenvolvimento já referidos, observações feitas durante o curso da terapia familiar e, não menos importante, o que aprendi com os pacientes que eu mesmo tratei e com aqueles cuja terapia supervisionei.

Influência de experiências anteriores na relação de transferência

Muitas vezes, um paciente está muito apreensivo com a possibilidade de que seu terapeuta o rejeite, critique ou humilhe. Uma vez sabendo que muitas crianças são tratadas dessa maneira por seus pais, podemos estar razoavelmente confiantes de que essa tem sido a experiência de nosso paciente. Se parecer provável que o paciente esteja ciente de como está se sentindo e como espera que o terapeuta o trate, o terapeuta indicará que ele também está ciente do problema. Quando o terapeuta poderá vincular essas expectativas às experiências do paciente com seus pais, tanto no presente quanto no passado, depende de quão disposto o paciente está a considerar essa possibilidade, ou se, em contraste, ele insiste que o tratamento que seus pais dispensam a ele está acima de críticas. Quando esta última situação se verifica, há o problema prévio de tentar entender por que o paciente deve insistir em manter esse quadro favorável quando as evidências disponíveis apontam para o seu erro.

Em algumas famílias, um ou outro progenitor insiste que é um progenitor admirável que sempre fez tudo o que era possível pela criança e que, na medida em que o atrito está presente, a culpa é exclusivamente da criança. Essa atitude dos pais muitas vezes encobre um comportamento que, pelos padrões comuns, está longe de ser perfeito. No entanto, uma vez que o progenitor insiste que deu à criança afeição constante e que ela deve ter nascido má e ingrata, esta tem poucas opções que não aceitar essa imagem, apesar de estar ciente, em algum lugar em sua mente, de que ela dificilmente é justa.

Uma complicação adicional surge quando um paciente, quando criança, foi fortemente obrigado por um dos pais a não contar a ninguém sobre certos acontecimentos na família. Isso geralmente envolve brigas em que o pai está ciente de que seu comportamento está aberto a críticas. Por exemplo, brigas entre os pais, ou entre pai e criança, durante as quais coisas terríveis foram ditas ou feitas. Quanto mais insistente o terapeuta for para que o paciente conte tudo, mais angustiante será o dilema para o paciente. Injunções ao silêncio não são incomuns nas famílias e têm sido muito negligenciadas como fontes do que tradicionalmente tem sido chamado de resistência. Muitas vezes, é útil para o terapeuta perguntar ao paciente se ele pode ter sido submetido a tais pressões e, em caso afirmativo, ajudá-lo a resolver o dilema.

Até agora, temos considerado casos em que o paciente está, em algum grau, ciente de suas expectativas de ser rejeitado, criticado ou humilhado. No entanto, com frequência o paciente parece totalmente inconsciente de tais sentimentos, apesar de sua atitude em relação ao terapeuta exalar desconfiança e evasão. Evidências mostram que esses estados mentais ocorrem especialmente naqueles que, tendo desenvolvido um padrão ansiosamente evitativo de apego durante os primeiros anos, se esforçaram desde então para serem emocionalmente autossuficientes e isolados contra contatos íntimos com outras pessoas. Esses pacientes, muitas vezes descritos como narcisistas ou como tendo um falso *self*, evitam a terapia enquanto podem e, se a realizarem, mantêm o terapeuta a distância. Se permitido, alguns falarão incessantemente sobre qualquer coisa e tudo, exceto relacionamentos emocionalmente carregados, passados ou presentes. Outros explicarão que não têm nada a falar. Uma jovem mulher, cujos movimentos indicavam profunda desconfiança de mim, passou o tempo se gabando de suas façanhas delinquentes, muitas delas que eu suspeitava serem fictícias, e derramando desprezo sobre o que ela insistia ser minha vida monótona e estreita. Tratar pessoas tão profundamente desconfiadas foi comparado por Adrian Stephen (1934), há muitos anos, com a tentativa de fazer amizade com um pônei tímido ou assustado: ambas as situações exigem paciência prolongada, silenciosa e amigável. Somente quando o terapeuta está ciente das constantes rejeições a que o paciente provavelmente foi submetido quando criança sempre que procurou conforto ou ajuda, bem como de seu terror de ser submetido a algo semelhante pelo terapeuta é que ele pode ver a situação entre eles como seu paciente está vendo.

Outra causa bem diferente de cautela de qualquer contato próximo com o terapeuta para o paciente é o medo de que o terapeuta o prenda em um relacionamento destinado a servir aos interesses dele e não aos seus. Uma origem comum de tal medo é uma infância em que um progenitor, quase sempre a mãe, procurou fazer da criança sua própria figura de apego e cuidador, ou seja, inverteu a relação. Muitas vezes, isso é feito inconscientemente e usando técnicas que, para um observador desinformado, podem parecer excesso de indulgência, mas que são realmente subornos para manter a criança em um papel de cuidado.

Não é incomum que um paciente mude, durante a terapia, o modo de tratar seu terapeuta como se ele fosse um de seus pais para se comportar em relação a ele da maneira como foi tratado pelos pais. Por exemplo, um paciente submetido a ameaças hostis quando criança pode fazer ameaças hostis ao terapeuta. Experiências de desprezo desdenhoso de um pai podem ser reencenadas como desprezo desdenhoso pelo terapeuta. Os avanços sexuais de um dos pais podem reaparecer como avanços sexuais para o terapeuta. Tal comportamento pode ser entendido da seguinte forma: durante sua infância, uma pessoa aprende duas formas principais de comportamento e constrói em sua mente dois tipos principais de modelo. Uma forma de comportamento é, naturalmente, a de uma criança, ou seja, ela própria, interagindo com um dos pais, sua mãe ou seu pai. Os modelos funcionais correspondentes que o paciente constrói são os de si mesmo como uma criança em interação com cada progenitor. A outra forma de comportamento é a de um progenitor, ou seja, sua mãe ou seu pai, interagindo com uma criança, ele mesmo. Os modelos correspondentes que ele constrói são os de cada progenitor em interação consigo mesmo. Portanto, sempre que o terapeuta está intrigado ou ressentido com a maneira como ele está sendo tratado por um paciente, é sempre sábio perguntar quando e de quem o paciente pode ter aprendido isso. Na maioria das vezes, é de um de seus pais.*

Com alguns pacientes, a relação terapêutica é aquela em que a ansiedade, a desconfiança e a crítica, às vezes também a raiva e o desprezo, são evidentes e predominam, e o terapeuta é visto sob uma perspectiva ruim. Sentimentos como gratidão pelos esforços do terapeuta ou respeito por sua competência são conspícuos por sua ausência. A

---

*Na teoria tradicional, essa mudança de papel por um paciente provavelmente será entendida como um caso de identificação com o agressor.

tarefa, então, é ajudar o paciente a compreender que grande parte de seu ressentimento presente decorre de maus-tratos passados nas mãos de outros e que, por mais compreensível que sua raiva possa ser, continuar lutando velhas batalhas é improdutivo como resultado. Aceitar que um passado infeliz não pode ser mudado é geralmente uma pílula amarga.

Com outros pacientes, a situação é invertida: a relação de transferência torna-se aquela em que a gratidão aberta, a admiração e o afeto são prontamente expressos, e o terapeuta é visto com um brilho de perfeição cor-de-rosa. A insatisfação e a crítica estão notavelmente ausentes, e a raiva com as deficiências do terapeuta, sobretudo as ausências, é inimaginável. Tal idealização do terapeuta nasce, acredito, em parte de esperanças irrealistas e expectativas do que o terapeuta é capaz e disposto a fornecer, e em parte de uma infância em que a crítica a um dos pais é proibida e a submissão é imposta, seja por alguma técnica indutora de culpa, seja por sanções, como ameaças de não amar ou mesmo de abandonar a criança. Com esse tipo de experiência infantil, a suposição inconsciente do paciente é de que o terapeuta esperará o mesmo grau de obediência que seus pais esperavam e o aplicará por técnicas ou ameaças semelhantes às que eles utilizaram.

Infelizmente, tem havido uma tendência em alguns setores para confundir a teoria avançada aqui, que considera a maneira como certos pais tratam seus filhos como uma das principais causas de problemas de saúde mental, com uma atitude psicológica que simplesmente culpa os pais. É improvável que alguém que trabalhe nas áreas de psiquiatria infantil e terapia familiar cometa esse erro. Em vez disso, como já referido, há muito que se reconhece que o comportamento equivocado dos pais é, na maioria das vezes, o produto da sua própria infância difícil e infeliz. Como resultado, muito tempo foi dedicado a ajudar os pais a escapar das influências adversas de suas próprias infâncias.

Além disso, durante o tratamento de um indivíduo (de qualquer idade) que sofreu nas mãos dos pais, o terapeuta, ao aceitar o relato do paciente, evita o julgamento moral, e, sempre que surgir a oportunidade, ele incentivará seu paciente a considerar como e por que o progenitor em discussão pode ter se comportado como ele fez. Ao levantar essas questões, é sempre útil que o terapeuta pergunte ao paciente o que ele sabe das experiências de infância que o pai em questão pode ter tido. Não é incomum que isso leve o paciente a obter alguma compreensão de como as coisas se desenvolveram e, a partir disso, muitas vezes a passar para uma medida de perdão e reconciliação. Nas sessões familiares, pode ser especialmente valioso se um dos pais puder ser encorajado a fazer um relato de sua infância. Isso permite que todos os presentes – o pai ou a mãe, o cônjuge, os filhos e o terapeuta – obtenham algum *insight* sobre como e por que a vida familiar se desenvolveu dessa forma e como cada um pode ajudar a melhorá-la. Como já mencionado (p. 155), essa forte tendência de que os problemas de apego sejam transmitidos por meio das gerações, da influência no comportamento parental dos problemas de relacionamento decorrentes da própria infância dos pais, está finalmente recebendo a atenção de pesquisa que merece.

Situações e eventos patogênicos da infância

Acredito que um terapeuta deve estar muito bem-informado sobre os relacionamentos disfarçados e distorcidos que podem ocorrer em algumas famílias e as coisas terríveis que podem acontecer em outras, pois é somente se ele estiver tão informado que ele pode ter uma ideia razoavelmente clara do que provavelmente está por trás das defesas de seu paciente, ou das origens de sua ansiedade, raiva e culpa. Uma vez que ele está adequadamente informado, está bem posicionado não apenas para apreciar a verdade do que seu paciente pode estar descrevendo que ocorreu com ele, mas também para abordar, de maneira mais ou menos provisória, alguns dos tipos de situação aos quais o paciente pode muito bem ter sido exposto, mas aos quais ele pode ser incapaz ou não querer se referir. Ao apresentar as situações a seguir, não faço mais do que indicar algumas que são comuns e que, até recentemente, foram negligenciadas na literatura psicoterápica.*

Ameaças de não amar uma criança usadas como meio de controle

É fácil para uma mãe dizer a um filho que não o amará se ele se comportar de tal maneira. O que isso significa é que a mãe está ameaçando não fornecer afeto ou conforto nos momentos em que o filho está chateado, assustado ou angustiado e não fornecer ajuda ou encorajamento em outros momentos. Se tais ameaças são usadas sistematicamente por qualquer um dos pais, ou ambos, a criança inevitavelmente cresce intensamente ansiosa para agradar e propensa à culpa.

Ameaças de abandonar uma criança

Ameaças de abandono são um grau mais assustador para uma criança do que ameaças de não a amar mais, sobretudo se o progenitor decreta uma ameaça, talvez desaparecendo por algumas horas ou arrumando a mala do filho e levando-o pela rua, supostamente até a casa dos "meninos maus". Como as ameaças de abandono muitas vezes assumem uma forma altamente peculiar, um paciente pode negar que já foi submetido a elas. Nesses casos, a verdade só pode emergir com sua emoção quando a maneira especial pela qual a ameaça foi formulada é lembrada. Um exemplo é o da mãe que inventou a história de que uma van amarela apareceria e levaria seu filho embora. Outro é do pai cuja história era de que sua filha seria enviada para uma escola em uma

---

*Como em publicações anteriores dei muita atenção aos efeitos nocivos no desenvolvimento da personalidade de lutos e separações prolongadas, esses temas são omitidos do que se segue.

montanha remota cercada por tubarões (Marrone, 1984). Assim, no primeiro caso, tudo o que a mãe tinha a dizer era "Bem, a van amarela virá", e, no segundo, que o pai dissesse "Então será a escola da montanha", para a criança desistir instantaneamente de tudo o que estava fazendo. Em um terceiro caso, a palavra-código era "margarina", com a mãe tendo acoplado sua ameaça de mandar o filho para uma casa de crianças com a insistência de que ele teria que comer margarina lá. Para esses pacientes, uma frase geral como "ameaça de abandono" não deu nenhum gatilho. Somente quando a palavra-chave foi desenterrada é que o terror original foi experimentado novamente e a fonte da ansiedade de separação foi localizada.

Ameaças de suicídio

Às vezes, um progenitor angustiado ameaça cometer suicídio se alguma situação estressante continuar. Isso pode ocorrer durante brigas entre os pais, que a criança ouve, ou pode ser dirigida à própria criança. Em ambos os casos, tais ameaças causam terror. Uma lição a ser aprendida com esses casos é que, sempre que um paciente se refere a seus pais como tendo brigado, o terapeuta deve sempre perguntar "O que eles *disseram* um ao outro?". Não raro, o paciente bloqueia isso. Em um ataque de ânimo, os pais briguentos podem dizer coisas terríveis um para o outro. Isso já é ruim o suficiente. O que torna tudo muito pior é quando, depois de se acalmarem, eles negam ter dito tal coisa.

Negativas e não confirmações

Exemplos de negativas por parte de um dos pais sobre o que ele disse ou fez e esforços persistentes para desconfirmar o que uma criança viu ou ouviu são mencionados em algum detalhe na Palestra 6, assim como estão enfatizados os efeitos adversos de tais pressões no desenvolvimento da personalidade. Durante a terapia, esses efeitos emergem como grande incerteza em um paciente sobre se algum episódio familiar ocorreu ou não e culpa por tê-lo trazido à tona. Aqui, como tantas vezes, o papel-chave para o terapeuta é permitir a exploração pelo paciente de todas as várias possibilidades, tanto as favoráveis aos seus pais quanto as desfavoráveis a eles, e incentivá-lo a avaliar as evidências disponíveis, enquanto ele (o terapeuta) permanece resolutamente aberto sobre onde a verdade pode estar.

Até agora, nesta exposição, não considerei a questão crítica de até que ponto podemos e devemos confiar na validade dos relatórios dos nossos pacientes. As memórias são certamente falíveis, e há várias ocasiões em que um terapeuta experiente questionará corretamente a verdade do que seu paciente está dizendo. Quais são, então, os critérios pelos quais devemos julgar?

Em primeiro lugar, generalizações amplas sobre o tipo de pai ou mãe que era e sobre o tipo de parentalidade recebida nunca devem ser creditadas, a menos que sejam apoiadas por exemplos detalhados de como cada um tratou o paciente como uma criança em situações específicas. Por exemplo, o relato brilhante de uma mãe maravilhosa pode muito bem não ser válido quando os detalhes se tornam disponíveis. Relatos válidos de parentalidade afetuosa não apenas dão muitos detalhes favoráveis, mas provavelmente também serão entrelaçados com críticas ocasionais, de modo que o progenitor possa ser visto por inteiro. Da mesma forma, relatos depreciativos de pais em termos uniformemente adversos precisam ser examinados de perto. Relatos inválidos de qualquer tipo tendem a ser devastadores e extremados demais para serem verdadeiros. Faltam detalhes ou, caso sejam dados, estão em desacordo com o retrato apresentado. Em contrapartida, sempre que muitos detalhes consistentes são dados e o quadro que emerge está de acordo com o que sabemos, de outras fontes, que acontece em outras famílias e com os antecedentes conhecidos dos tipos de problema que afligem o paciente, é absurdo duvidar de sua validade global, mesmo que alguns pontos permaneçam em questão.

A origem desses extremos frequentemente é a pressão externa. Por exemplo, um dos pais insistiu para que a criança tomasse partido contra o outro genitor que é representado como sendo de todo ruim, ou então um progenitor que tem muitos defeitos insiste que está acima das críticas.

Outra ocasião em que um terapeuta está certo em duvidar da história do paciente é quando há razão para suspeitar que ele é um mentiroso patológico. Tais casos são comparativamente raros e, por essa razão, podem passar despercebidos por um tempo. Mais cedo ou mais tarde, o acúmulo de inconsistências e improbabilidades, bem como a forma como o paciente conta sua história, engendram primeiro a dúvida e, depois, a certeza de que não se deve acreditar no paciente.

Além dessas exceções, acredito que os relatos dos pacientes são suficientemente confiáveis para que um terapeuta os aceite como aproximações razoáveis da verdade. Além disso, é antiterapêutico não fazê-lo. Questionar constantemente a validade da história do paciente, ainda que o faça devido a suas implicações, e insistir no papel distorcido da imaginação ou da fantasia é o inverso da empática. Isso transmite ao paciente que o terapeuta não o entende e pode, de fato, convencê-lo de que o terapeuta está se comportando exatamente como seu progenitor havia previsto. Assim, alguns pais, tendo insistido para que seu filho não contasse algo de que o progenitor se envergonha, podem então acrescentar que, em qualquer caso, se ele o fizesse, ninguém acreditaria nele.

Entre a grande variedade de eventos adversos e situações não mencionadas até agora nesta palestra e que um terapeuta deve ter em sua mente como prováveis de ter ocorrido na vida de um paciente ou outro são os seguintes:

- uma criança pode nunca ter sido desejada por um ou ambos os pais;
- uma criança pode ser do sexo oposto ao que seus pais haviam desejado;

- uma criança pode ter sido transformada em válvula de escape da família, às vezes em decorrência de uma tragédia familiar que, com maior ou menor plausibilidade, sempre lhe foi atribuída;
- um pai pode ter usado técnicas indutoras de culpa para controlar uma criança, como, por exemplo, alegações frequentes de que o comportamento da criança faz a mãe adoecer;
- um progenitor pode ter procurado fazer de um de seus filhos sua figura de apego, desencorajando-o de explorar o mundo longe dela e de acreditar que ele será capaz de fazer seu caminho por conta própria;
- o papel incomum de uma criança em uma família pode ser o resultado de sua mãe ter tido um caso extraconjugal durante o casamento, de modo que o suposto pai da criança não é seu verdadeiro pai;
- outra causa do papel incomum de uma criança é quando um dos pais identifica a criança com um parente, muitas vezes um dos avós da criança, com quem ela teve um relacionamento difícil, e então reencena essa relação com a criança;
- uma criança pode ter sido alvo de abusos físicos mais ou menos graves por parte de um dos pais ou padrasto;
- uma criança pode ter estado envolvida em abuso sexual de um pai, padrasto ou irmão mais velho por curtos ou longos períodos.

Para aqueles que desconhecem os efeitos mais comuns no desenvolvimento da personalidade da exposição a situações desse tipo, uma série de referências são apresentadas em um Apêndice às referências (pp. 198-9). Inevitavelmente, os acontecimentos influentes dos primeiros dois ou três anos de um indivíduo nunca terão sido registrados em sua memória ou então não poderão ser lembrados agora. Aqui, é claro, o melhor que um terapeuta pode fazer é inferir, com base na situação de transferência e nas informações que o paciente coletou sobre seus primeiros anos, combinadas com um conhecimento mais amplo do desenvolvimento da personalidade que o terapeuta adquiriu, qual pode ter sido a natureza desses eventos. Em outras palavras, ele recorre à reconstrução. Contudo, ao fazê-lo, ele pode, no futuro, recorrer a um conhecimento muito mais amplo e confiável das influências familiares no desenvolvimento da personalidade do que tradicionalmente está disponível para psicoterapeutas formados analiticamente.

A postura do terapeuta

Neste relato de princípios terapêuticos, os terapeutas reconhecerão muito do que há tempos lhes é familiar, embora muitas vezes com nome diferente. A aliança terapêutica aparece como uma base segura, um objeto interno, assim como é o modelo representacional ou funcional de uma figura de apego, a reconstrução, como explorando memórias do passado, e a resistência (às vezes), como profunda relutância em desobedecer às ordens passadas dos pais de não contar ou não se lembrar de algo. Entre os pontos de diferença, está a ênfase dada mais ao papel do terapeuta como acompanhante de seu paciente na exploração de si mesmo e de suas experiências, e menos na interpretação do terapeuta para o paciente. Enquanto alguns terapeutas tradicionais podem ser descritos como adotando a postura "eu sei; eu vou te dizer", a postura que eu defendo é de "você sabe, você me diz". Assim, o paciente é encorajado a acreditar que, com apoio e orientação ocasional, ele pode descobrir por si mesmo a verdadeira natureza dos modelos subjacentes a seus pensamentos, sentimentos e ações e que, examinando a natureza de suas experiências anteriores com seus pais, ou substitutos parentais, ele entenderá o que o levou a construir os modelos agora ativos dentro dele, de modo a ser livre para reestruturá-los. Felizmente, a psique humana, como os ossos humanos, está fortemente inclinada para a autocura. O trabalho do psicoterapeuta, assim como o do cirurgião ortopédico, é proporcionar as condições para que a autocura possa ocorrer melhor. Entre aqueles que recentemente deram relatos detalhados do valor especial da adoção de uma abordagem modesta e tímida, estão Peterfreund (1983) e Casement (1985).

Na descrição anterior, o papel do terapeuta foi comparado ao de uma mãe que fornece ao filho uma base segura a partir da qual explorar. Isso significa, antes de tudo, que ele aceita e respeita seu paciente, de forma plena, como um ser humano em apuros e que sua preocupação primordial é promover o bem-estar de seu paciente por todos os meios à sua disposição. Para esse fim, o terapeuta esforça-se para ser confiável, atento, empático e simpaticamente responsivo, bem como para incentivar o paciente a explorar o mundo de seus pensamentos, sentimentos e ações, não só no presente, mas também no passado. Embora sempre encoraje o paciente a tomar a iniciativa, o terapeuta não é, em nenhum sentido, passivo. Por um lado, ele procura ser atento e sensível à resposta. Por outro, reconhece que há momentos em que ele próprio deve tomar a iniciativa. Por exemplo, quando um paciente gasta tempo falando sobre tudo e mais alguma coisa, exceto seus pensamentos e seus sentimentos sobre as pessoas, será necessário chamar sua atenção para sua evitação nessa área, e talvez também para sua profunda desconfiança dos esforços do terapeuta para ser útil ou de sua capacidade de manter segredos. Com outro paciente, que talvez esteja muito disposto a explorar memórias da infância, haverá muitas ocasiões em que um terapeuta pode pedir mais detalhes ou levantar questões sobre situações da infância que o paciente até agora não se referiu diretamente, mas que parecem possibilidades plausíveis à luz do que ele vem descrevendo e à luz dos problemas específicos que o paciente está sofrendo. Ao fazê-lo, o terapeuta nunca deve esquecer que seu paciente ainda pode ser fortemente influenciado pelas injunções de seus pais para não saber sobre eventos que ele não deveria saber e não experimentar sentimentos que ele não deveria experimentar.

A interrupção da terapia provavelmente sempre gera alguma reação em um paciente; em alguns, é consciente, em outros, inconsciente, mas ainda assim evidente. Quando consciente, pode assumir a forma de queixa aberta ou protesto raivoso; quando inconsciente, pode manifestar-se pelo paciente menosprezando a terapia ou faltando a uma ou duas sessões antes do intervalo. A forma como o terapeuta avalia essas reações e responde a elas refletirá sua posição teórica. Alguém que adota a teoria do apego respeitará a angústia ou a raiva de seu paciente sobre a separação e as considerará como as respostas naturais de alguém que se apegou a outro – um respeito que estará implícito em qualquer coisa que ele diga ou faça. Ao mesmo tempo, ele dará atenção à forma que a reação de seu paciente toma. Se expressado abertamente, ele será simpático e poderá aliviar a angústia do paciente, dando-lhe informações sobre como ele poderia se comunicar durante o intervalo. Além disso, o terapeuta considerará como o paciente está interpretando a interrupção e, caso haja evidências de má construção, tentará descobrir como ela pode ter se originado. Se, por exemplo, o paciente estiver apreensivo de que o terapeuta não retornará, a possibilidade de o paciente ter sido exposto a ameaças de um dos pais para abandoná-lo pode ser explorada. Nos casos em que a interrupção se deve ao fato de o terapeuta não estar bem, ele estará atento à possibilidade de o paciente ficar apreensivo para que algo que ele (o paciente) tenha feito ou dito seja responsável por isso. Se for esse o caso, o terapeuta exploraria se um dos pais do paciente havia procurado controlá-lo, alegando que a maneira como ele se comportava estava deixando a mãe ou o pai doente.

Da mesma forma, se o paciente reagir a uma interrupção depreciando a terapia ou faltando a uma sessão, o terapeuta que adota a teoria do apego se perguntaria por que seu paciente tem medo de expressar seus sentimentos abertamente e quais podem ter sido suas experiências na infância para explicar sua desconfiança.

É provável que a descrição que acaba de ser fornecida em relação ao modo de um terapeuta responder às reações de seu paciente a uma interrupção contraste com a de um terapeuta que adota e aplica uma ou outra das teorias psicanalíticas tradicionais. Por exemplo, um desses terapeutas pode considerar as reações de seu paciente como sendo bastante infantis e como indicando que o paciente estava fixado em uma fase oral ou simbiótica. O que o terapeuta poderia dizer, sobretudo a maneira como ele poderia dizê-lo, poderia muito bem ser experimentado pelo paciente como falta de respeito por seus sentimentos atuais (do paciente) de apego, angústia ou raiva. Aqui, novamente, haveria o perigo de que o terapeuta parecesse estar respondendo de forma fria, antipática e muito parecida com um ou outro dos pais do paciente. Se assim fosse, a troca seria antiterapêutica.

Até onde um terapeuta pode sabiamente ir ao atender ao desejo de um paciente de manter a comunicação durante os intervalos (p. ex., por telefone) e para confortá-lo quando angustiado durante uma sessão, ativa muitos fatores pessoais em seu relacionamento. Por um lado, há o perigo de o terapeuta parecer não ter simpatia pela angústia do paciente ou mesmo parecer o rejeitar. Por outro, há o risco de ele parecer oferecer mais do que está disposto a dar. Há ocasiões em que seria desumano não permitir que um paciente angustiado fizesse alguma forma de contato físico: os papéis são então explicitamente de confortador e confortado. No entanto, há sempre o perigo de que o contato físico possa provocar sentimentos sexuais, especialmente quando os sexos são diferentes. Dependendo da situação, cada terapeuta deve tomar suas próprias decisões e traçar suas próprias linhas. Quanto mais alerta para tais questões o terapeuta estiver, melhor ele será capaz de evitar as armadilhas.

A comunicação emocional e a reestruturação dos modelos funcionais

Quando um terapeuta utiliza o tipo de técnica defendida aqui, às vezes pode acontecer de a terapia entrar em uma rotina na qual o paciente persiste infinitamente em descrever o tempo terrível que teve quando criança e o quão mal seus pais o trataram, sem que nenhum progresso seja feito. Uma causa de tal perseverança, suspeito, é que o paciente está convencido de que seu terapeuta não aceita a verdade do que ele está dizendo: daí sua repetição infinita dela. Isso pode ser devido ao paciente ter sido sempre ridicularizado por aqueles a quem ele contou a história no passado ou, e talvez mais comumente, ao próprio terapeuta ter indicado ceticismo ou descrença. Isso pode ser feito de várias maneiras, como pelo tom de voz, pela consulta aos detalhes e pela falha em atribuir qualquer peso particular ao que o paciente descreve.

Evidentemente, quando o problema está na incredulidade do terapeuta, a saída é ele deixar claro que sabe muito bem que tais coisas acontecem com crianças e não tem motivos para duvidar do relato do paciente. Mesmo assim, o impasse pode continuar: a história é contada e recontada de forma cínica e plana, sem nenhuma demonstração de sentimento.

Essa situação foi discutida por Selma Fraiberg que, junto a colegas, se propôs a ajudar mães vulneráveis em risco de negligenciar ou abusar de seus bebês (Fraiberg, Adelson, & Shapiro, 1975). Elas descrevem ter visitado a casa de duas dessas mães e escutado as histórias angustiantes que essas mulheres tinham para contar. Cada uma contava uma história de crueldade grosseira durante a infância – ser submetida a espancamentos violentos, ser trancada fora no frio, muitas vezes abandonada pela mãe, ser transferida de um lugar para outro e de não ter a quem ir em busca de ajuda ou conforto. Nenhuma das duas deu uma dica de como elas poderiam ter se *sentido* nem o que elas poderiam ter sentido vontade de *fazer*. Uma delas, uma menina de 16 anos que evitava tocar ou segurar seu bebê (que gritava desesperadamente), insistiu: "Mas de que adianta falar? Sempre guardei as coisas para mim. Quero esquecer. Não quero pensar". Esse foi o momento em que a terapeuta interveio, expressando ela mesma todos os sentimentos que se espera que toda e qualquer criança tenha nas situações descritas: o quanto se assusta, o quanto se sente com raiva, o quanto se sentiria desesperada e como desejaria recorrer a alguém que entendesse e proporcionasse conforto e proteção. Ao fazê-lo, a terapeuta não apenas mostrou uma compreensão de como a paciente deve ter se sentido, mas comunicou, à sua maneira, que a expressão de tal sentimento e desejo seria recebida com uma resposta empática e reconfortante. Só então foi possível para a jovem mãe expressar toda a dor, as lágrimas "e a angústia indescritível para si mesma como uma criança abandonada" que ela sempre sentiu, mas nunca ousou expressar.

Nesse relato dos métodos de Fraiberg para ajudar uma paciente a expressar as emoções que ela não ousa mostrar, deliberadamente enfatizei a ligação entre emoção e ação. A falha em expressar emoção é devida, em grande parte, ao medo inconsciente de que a ação da qual a emoção faz parte leve a um resultado temido. Em muitas famílias, a raiva por um adulto leva a punições que às vezes podem ser severas. Além disso, um pedido choroso por conforto e ajuda pode levar à rejeição e à humilhação. Com frequência, talvez seja esquecido pelos clínicos que muitas crianças, quando ficam angustiadas, choram e procuram conforto, são desprezadas como pequenos bebês chorões intoleráveis. Em vez do conforto proporcionado por um progenitor compreensivo e afetuoso, essas crianças encontram rejeição antipática e crítica. Portanto, não admira se, caso esse padrão prevaleça durante a infância, a criança aprenda a nunca demonstrar angústia ou buscar conforto e, caso faça terapia, assuma que seu terapeuta será tão intolerante à raiva e às lágrimas quanto seus pais sempre foram.

Todo terapeuta que adota uma perspectiva psicanalítica há muito tempo reconhece que, para ser eficaz, a terapia requer que o paciente não apenas fale sobre suas memórias, suas ideias e seus sonhos, suas esperanças e seus desejos, mas também expresse seus sentimentos. A discussão da técnica de Fraiberg para ajudar uma jovem cínica e fria a descobrir a profundidade de seus sentimentos e expressá-los livremente ao seu terapeuta é, portanto, uma nota apropriada para terminar este relato. Ao escrever esta palestra, tenho consciência de que, ao usar termos como "informação", "comunicação" e "modelos funcionais", seria fácil para um leitor incauto supor que esses termos pertencem a uma psicologia preocupada apenas com a cognição e que é desprovida de sentimento e de ação. Embora, por muitos anos, fosse muito comum que os psicólogos cognitivos omitissem a referência à emoção, agora se reconhece que fazê-lo é artificial e infrutífero (Hinde, Perret-Clermont, & Stevenson-Hinde, 1985). De fato, não há comunicações mais importantes entre seres humanos do que as expressas emocionalmente, e nenhuma informação é mais vital para a construção e a reconstrução de modelos funcionais de *self* e de outros que não as informações sobre como cada um se sente em relação ao outro. Nos primeiros anos de nossas vidas, de fato, a expressão emocional e sua recepção são os únicos meios de comunicação que temos, de modo que as bases de nossos modelos funcionais de *self* e figura de apego são forçosamente estabelecidas usando informações apenas dessa fonte. Portanto, não é de admirar que, ao rever suas relações de apego no curso da psicoterapia e reestruturar seus modelos funcionais, são as comunicações emocionais entre um paciente e seu terapeuta que desempenham o papel crucial.

Referências

Adams-Tucker, C. (1982) 'Proximate effects of sexual abuse in childhood: a report on 28 children', *American Journal of Psychiatry*, 139: 1252–6.

Ainsworth, M.D. (1962) 'The effects of maternal deprivation: a review of findings and controversy in the context of research strategy' in: *Deprivation of maternal care: a reassessment of its effects*, Public Health Papers no. 14, Geneva: World Health Organisation.

Ainsworth, M.D. (1963) 'The development of infant-mother interaction among the Ganda' in B. M. Foss (ed.) *Determinants of infant behaviour*, vol. 2, London: Methuen; New York: Wiley.

Ainsworth, M.D.S. (1967) *Infancy in Uganda: infant care and the growth of attachment*, Baltimore: Johns Hopkins University Press.

Ainsworth, M.D.S. (1969) 'Object relations, dependency and attachment: a theoretical review of the infant-mother relationship', *Child Develop- ment*, 40: 969–1025.

Ainsworth, M.D.S. (1977) 'Social development in the first year of life: maternal influences on infant-mother attachment' in J.M. Tanner (ed.) *Developments in psychiatric research*, London: Tavistock.

Ainsworth, M.D.S. (1982) 'Attachment: retrospect and prospect' in C.M. Parkes and J. Stevenson-Hinde (eds) *The place of attachment in human behavior*, 3–30, New York: Basic Books; London: Tavistock.

Ainsworth, M.D.S. (1985) 'I Patterns of infant-mother attachment: ante- cedents and effects on development' and 'II Attachments across the life-span', *Bulletin of New York Academy of Medicine*, 61: 771–91 and 791–812.

Ainsworth, M.D.S. and Wittig, B.A. (1969) 'Attachment and exploratory behaviour of one-year-olds in a strange situation' in B.M. Foss (ed.) *Determinants of infant behaviour*, vol. 4, London: Methuen; New York: Barnes & Noble.

Ainsworth, M.D.S., Bell, S.M., and Stayton, D.J. (1971) 'Individual differ- ences in strange situation behavior of one-year-olds' in H.R. Schaffer (ed.) *The origins of human social relations*, 17–57, London: Academic Press.

Ainsworth, M.D., Blehar, M.C., Waters, E., and Wall, S. (1978) *Patterns of attachment: assessed in the strange situation and at home*, Hillsdale, NJ: Lawrence Erlbaum.

Anderson, J.W. (1972) 'Attachment behaviour out of doors' in N. Blurton Jones (ed.). *Ethological studies of child behaviour*, Cambridge: Cambridge University Press.

Arend, R., Gove, F.L., and Sroufe, L.A. (1979) 'Continuity of individual adaptation from infancy to kindergarten: a predictive study of ego- resiliency and curiosity in preschoolers', *Child Development*, 50: 950–9.

Baldwin, J. (1977) 'Child abuse: epidemiology and prevention' in *Epidemi- ological approaches in child psychiatry*, 55–106, London: Academic Press.

Ballou, J. (1978) 'The significance of reconciliative themes in the psych- ology of pregnancy', *Bulletin of the Menninger Clinic*, 42: 383–413.

Bender, L. (1947) 'Psychopathic behaviour disorders in children' in R.M. Lindner and R.V. Seliger (eds) *Handbook of correctional psychology*, New York: Philosophical Library.

Bender, L. and Yarnell, H. (1941) 'An observation nursery', *American Journal of Psy- chiatry*, 97: 1158–74.

Blehar, M.C., Lieberman, A.F., and Ainsworth, M.D.S. (1977) 'Early face-to- face in- teraction and its relations to later infant-mother attachment', *Child Development*, 48: 182–94.

Blight, J.G. (1981) 'Must psychoanalysis retreat to hermeneutics?', *Psycho- analysis and Contemporary Thought*, 4: 147–205.

Bliss, E.L. (1980) 'Multiple personalities: report of 14 cases with implica- tions for schizophrenia and hysteria', *Archives of General Psychiatry*, 37: 1388–97.

Bliss, E.L. (1986) *Multiple personality, allied disorders and hypnosis*, Oxford: Oxford University Press.

Bloch, D. (1978) *'So the witch won't eat me'*, Boston: Houghton Mifflin.

Bowlby, J. (1940) 'The influence of early environment in the development of neuro- sis and neurotic character', *International Journal of Psycho- Analysis*, 21: 154–78.

Bowlby, J. (1944) 'Forty-four juvenile thieves: their characters and home life', *Inter- national Journal of Psycho-Analysis*, 25: 19–52 and 107–27.

Bowlby, J. (1951) *Maternal care and mental health*, Geneva: World Health Organisa- tion; London: Her Majesty's Stationery Office; New York: Columbia University Press; abridged version: *Child Care and the Growth of Love* (second edn, 1965) Har- mondsworth: Penguin.

Bowlby, J. (1958) The nature of the child's tie to his mother, *International Journal of Psycho-Analysis*, 39: 350–73.

Bowlby, J. (1960) 'Grief and mourning in infancy and early childhood', *The Psychoa- nalytic Study of the Child*, 15: 9–52.

Bowlby, J. (1961) 'Processes of mourning', *International Journal of Psycho- Analysis*, 42: 317–40.

Bowlby, J. (1969) *Attachment*, vol. 1 of *Attachment and loss* (2nd edi- tion 1982), London: Hogarth Press; New York: Basic Books; Harmondsworth: Penguin (1971).

Bowlby, J. (1973) *Separation: anxiety and anger*, vol. 2 of *Attachment and loss*, London: Hogarth Press; New York: Basic Books; Harmondsworth: Penguin (1975).

Bowlby, J. (1977) 'The making and breaking of affectional bonds', *British Journal of Psychiatry*, 130: 201–10 and 421–31; reprinted 1979, New York: Methuen Inc.; London: Tavistock.

Bowlby, J. (1980) *Loss: sadness and depression*, vol. 3 of *Attachment and loss*, London: Hogarth Press; New York: Basic Books; Harmondsworth: Penguin (1981).

Bowlby, J. (1981) 'Psychoanalysis as a natural science', *International Review of Psycho-Analysis*, 8: 243–56.

Bowlby, J. (1982) *Attachment*, 2nd edition of vol. 1 of *Attachment and loss* London: Hogarth Press.

Brazelton, T.B., Koslowski, B., and Main, M. (1974) 'The origins of recipro- city in mother-infant interaction' in M. Lewis and L.A. Rosenblum (eds) *The Effect of the Infant on its Caregiver*, 49–76, New York; Wiley-Interscience.

Bretherton, I. (1987) 'New perspectives on attachment relations in infancy: security, communication and internal working models' in J.D. Osofsky, (ed.) *Handbook of infant development* (2nd edition), 1061–100, New York: Wiley.

Brown, G.W. and Harris, T. (1978) *The social origins of depression*, London: Tavistock.

Burlingham, D. and Freud, A. (1942) *Young children in war-time London*, London: Allen & Unwin.

Burlingham, D. and Freud, A. (1944) *Infants without families*, London: Allen & Unwin.

Burnham, D.L. (1965) 'Separation anxiety', *Archives of General Psychiatry*, 13: 346–58.

Cain, A.C. and Fast, I. (1972) 'Children's disturbed reactions to parent suicide' in A.C. Cain (ed.) *Survivors of suicide*, Springfield, Illinois: C.C. Thomas.

Casement, P. (1985) *On learning from the patient*, London: Tavistock. Cassidy, J. and Kobak, R. (1988) 'Avoidance and its relation to other defensive processes' in J. Belsky and T. Nezworski (eds) *Clinical Implications of Attachment*, Hillsdale, NJ: Lawrence Erlbaum.

Cater, J.I. and Easton, P.M. (1980) 'Separation and other stress in child abuse', *Lancet*, 1 (3 May 1980): 972.

Clarke-Stewart, K.A. (1978) 'And daddy makes three: the father's impact on mother and young child', *Child Development*, 49: 466–78.

Collis, G.M. and Schaffer, H.R. (1975) 'Synchronization of visual attention in mother-infant pairs', *Journal of Child Psychology and Psychiatry*, 16: 315–20.

Crittenden, P. (1985) 'Maltreated infants: vulnerability and resilience', *Journal of Child Psychology and Psychiatry* 26: 85–96.

DeLozier, P.P. (1982) 'Attachment theory and child abuse' in C.M. Parkes and J. Stevenson-Hinde *The place of attachment in human behavior*, 95–117, New York: Basic Books; London: Tavistock.

Deutsch, H. (1937) 'Absence of grief', *Psychoanalytic Quarterly*, 6: 12–22. Dixon, N.F. (1971) *Subliminal perception: the nature of a controversy*, London: McGraw-Hill.
Dixon, N.F. (1981) *Preconscious processing*, Chichester and New York: Wiley.
Efron, A. (1977) 'Freud's self-analysis and the nature of psycho-analytic critism', *International Review of Psycho-analysis*, 4: 253–80.
Emde, R.N. (1983) 'The prerepresentational self and its affective core', *The Psychoanalytic Study of the Child*, 38: 165–92.
Epstein, S. (1980) 'The self-concept: a review of the proposal of an inte- grated theory of personality' in E. Staub (ed.) *Personality: basic issues and current research*, Englewood Cliffs, NJ: Prentice Hall.
Epstein, S. (1986) 'Implications of cognitive self-theory for psycho- pathology and psychotherapy' in N. Cheshire and H. Thoma (eds) *Self-esteem and Psychotherapy*, New York: Wiley.
Erdelyi, M.H. (1974) 'A new look at the New Look: perceptual defense and vigilance', *Psychological Review*, 81: 1–25.
Fairbairn, W.R.D. (1940) 'Schizoid factors in the personality' in *Psycho- analytic studies of the Personality*, 3–27, London: Tavistock (1952); New York: Basic Books (1952).
Farrington, D.P. (1978) 'The family backgrounds of aggressive youths' in L. Hersov and M. Berger (eds) *Aggression and anti-social behaviour in children and adolescents*, 73–93, Oxford and New York: Pergamon Press.
Feinstein, H.M., Paul, N., and Pettison, E. (1964) 'Group therapy for mothers with infanticidal impulses', *American Journal of Psychiatry*, 120: 882–6.
Fraiberg, S., Adelson, E., and Shapiro, V. (1975) 'Ghosts in the nursery: a psychoanalytic approach to the problems of impaired infant-mother relationships', *Journal of the American Academy of Child Psychiatry*, 14: 387–421.
Freud, S. (1909) 'Analysis of a phobia in a five-year-old boy', *Standard Edition 10*, 5–149, London: Hogarth Press.
Freud, S. (1914) 'Remembering, repeating and working through', *SE 12*, 147–56, London: Hogarth Press.
Freud, S. (1917) *Introductory lectures on psycho-analysis Part III*, SE 16, 243–476, London: Hogarth Press.
Freud, S. (1918) 'From the history of an infantile neurosis', SE 17, 7–122, London: Hogarth Press.
Freud, S. (1925) 'An autobiographical study', SE 20, 7–70, London: Hogarth Press.
Freud, S. (1926) *Inhibitions, symptoms and anxiety*, SE 20, 87–174, London: Hogarth Press.
Freud, S. (1937) 'Constructions in analysis', SE 23, 257–69, London: Hogarth Press.
Freud, S. (1939) 'Moses and monotheism', SE 23, 7–137, London: Hogarth Press.
Freud, S. (1940) 'An outline of psycho-analysis', SE 23, 144–207, London: Hogarth Press.
Freud, S. (1950) 'Project for a scientific psychology', SE 1, 295–397, London: Hogarth Press.

Frodi, A.M. and Lamb, M.E. (1980) 'Child abusers' responses to infant smiles and cries', *Child Development*, 51: 238–41.

Frommer, E.A. and O'Shea, G. (1973) 'Antenatal identification of women liable to have problems in managing their infants', *British Journal of Psychiatry*, 123, 149–56.

Furman, E. (1974) *A child's parent dies*, New Haven and London: Yale University Press.

Gaensbauer, T.J. and Sands, K. (1979) 'Distorted affective communica- tions in abused/neglected infants and their potential impact on caretakers', *Journal of the American Academy of Child Psychiatry*, 18: 236–50.

Gayford, J.J. (1975) 'Wife-battering; a preliminary survey of 100 cases', *British Medical Journal*, vol. 1, 194–7, no. 5951.

Gedo, J.E. (1979) *Beyond interpretation: toward a revised theory for psycho- analysis*, New York: International Universities Press.

George, C. and Main, M. (1979) 'Social interactions of young abused children: approach, avoidance and aggression', *Child Development*, 50: 306–18.

Gill, H.S. (1970) 'Parental influences in a child's capacity to perceive sexual themes', *Family Process* 9: 41–50; reprinted in R. Gosling (ed.) *Support, innovation and autonomy*, 113–24, London: Tavistock (1973).

Goldfarb, W. (1943a) 'Infant rearing and problem behaviour', *American Journal of Orthopsychiatry*, 13: 249–65.

Goldfarb, W. (1943b) 'The effect of early institutional care on adolescent personality', *Child Development*, 14: 213–23.

Goldfarb, W. (1943c) 'The effects of early institutional care on adolescent personality', *Journal of Experimental Education*, 12: 106–29.

Goldfarb, W. (1955) 'Emotional and intellectual consequences of psycho- logic deprivation in infancy: a revaluation' in P.H. Hoch and J. Zubin (eds) *Psychopathology of Childhood*, New York: Grune & Stratton.

Green, A.H., Gaines, R.W., and Sandgrun, A. (1974) 'Child abuse: patho- logical syndrome of family interaction', *American Journal of Psychiatry*, 131, 882–6.

Grinker, R.R. (1962) ' "Mentally healthy" young males (homoclites)', *Arch- ives of General Psychiatry*, 6: 405–53.

Grossmann, K.E., Grossmann, K., and Schwan, A. (1986) 'Capturing the wider view of attachment: a reanalysis of Ainsworth's strange situation' in C.E. Izard and P.B. Read (eds) *Measuring emotions in infants and children*, vol. 2, New York: Cambridge University Press.

Guidano, V.F. and Liotti, G. (1983) *Cognitive processes and emotional disorders*, New York: Guilford Press.

Guntrip, H. (1975) 'My experience of analysis with Fairbairn and Winnicott', *International Review of Psycho-Analysis*, 2: 145–56.

Hall, F., Pawlby, S.J. and Wolkind, S. (1979) 'Early life experiences and later mothering behaviour: a study of mothers and their 20-week old babies' in D. Shaffer and J. Dunn (eds) *The first year of life*, 153–74, Chichester and New York: Wiley.

Hansburg, H.G. (1972) *Adolescent separation anxiety: a method for the study of adolescent separation problems*, Springfield, Illinois: C.C. Thomas.

Harlow, H.F. and Harlow, M.K. (1965) 'The affectional systems' in A.M. Schrier, H.F. Harlow, and F. Stollnitz (eds) *Behaviour of non-human primates*, vol. 2, New York and London: Academic Press.

Harlow, H.F. and Zimmermann, R.R. (1959) 'Affectional responses in the infant monkey', *Science*, 130: 421.

Harris, T.O. (1988) 'Psycho-social vulnerability to depression: the biogra- phical perspective of the Bedford College studies' in S. Henderson (ed.) *Textbook of Social Psychiatry*, Amsterdam: Elsevier.

Harrison, M. (1981) 'Home-start: a voluntary home-visiting scheme for young families', *Child Abuse and Neglect*, 5: 441–7.

Hazan, C. and Shaver, P. (1987) 'Romantic love conceptualised as an attachment process', *Journal of Personality and Social Psychology*, 52: 511–24.

Heinicke, C. (1956) 'Some effects of separating two-year-old children from their parents: a comparative study', *Human Relations*, 9: 105–76.

Heinicke, C. and Westheimer, I. (1966) *Brief separations*, New York: Inter- national Universities Press; London: Longman.

Helfer, R.E. and Kempe, C.H. (eds) (1976) *Child abuse and neglect: the family and the community*, Cambridge, Mass.: Ballinger.

Hinde, R.A. (1974) *Biological bases of human social behaviour*, New York and London: McGraw-Hill.

Hinde, R.A., and Spencer-Booth, Y. (1971) 'Effects of brief separation from mother on rhesus monkeys', *Science*, 173: 111–18.

Hinde, R.A., Perret-Clermont, A.-N., and Stevenson-Hinde J. (eds) (1985) *Social relationships and cognitive development*, Oxford: Clarendon Press.

Holt, R.R. (1981) 'The death and transfiguration of metapsychology', *Inter- national Review of Psycho-Analysis*, 8: 129–43.

Home, H.J. (1966) 'The concept of mind', *International Journal of Psycho- Analysis*, 47: 43–9.

Hopkins, J. (1984) 'The probable role of trauma in a case of foot and shoe fetishism: aspects of the psychotherapy of a six-year-old girl', *International Review of Psycho- -analysis*, 11: 79–91.

Horney, K. (1951) *Neurosis and human growth*, London: Routledge & Kegan Paul.

Horowitz, M., Marmar, C., Krupnick, J., Wilner, N., Kaltreider N., and Wallerstein, R. (1984) *Personality styles and brief psychotherapy*, New York: Basic Books.

Izard, C.E. (ed.) (1982) *Measuring emotions in infants and children*, Cambridge: Cambridge University Press.

Johnson-Laird, P.N. (1983) *Mental models*, Cambridge: Cambridge University Press.

Jones, E. (1957) *Sigmund Freud: life and work*, vol. 3, London: Hogarth Press, New York: Basic Books.

Kaye, H. (1977) 'Infant sucking behaviour and its modification' in L.P. Lipsitt and C.C. Spiker (eds) *Advances in child development and behaviour*, vol. 3, 2–52, London and New York: Academic Press.

Kennell, J.H., Jerrauld, R., Wolfe, H., Chesler, D., Kreger, N.C., McAlpine, W., Steffa, M., and Klaus, M.H. (1974) 'Maternal behaviour one year after early and extended post-partum contact', *Developmental Medicine and Child Neurology*, 16: 172–9.

Kernberg, O. (1975) *Borderline conditions and pathological narcissism*, New York: Jason Aronson.

Kernberg, O. (1980) *Internal world and external reality: object relations theory applied*, New York: Jason Aronson.

Klaus, M.H. and Kennell, J.H. (1982) *Maternal-infant bonding* (2nd edition), St Louis: C.V. Mosby.

Klaus, M.H., Trause, M.A., and Kennell, J.H. (1975) 'Does human maternal behaviour after delivery show a characteristic pattern?' in *Parent- infant interaction, Ciba Foundation Symposium 33 (new series)*: 69–78, Amsterdam: Elsevier.

Klaus, M.H., Kennell, J.H., Robertson, S.S., and Sosa, R. (1986) 'Effects of social support during parturition on maternal and infant morbidity', *British Medical Journal*, 283: 585–7.

Klein, G.S. (1976) *Psychoanalytic theory: an exploration of essentials*, New York: International Universities Press.

Klein, M. (1940) 'Mourning and its relation to manic-depressive states' in *Love, guilt and reparation and other papers, 1921–1946*, 311–38, London: Hogarth (1947); Boston: Seymour Lawrence/Delacorte.

Klein, Milton (1981) 'On Mahler's autistic and symbiotic phases: an exposition and evaluation', *Psychoanalysis and Contemporary Thought*, 4: 69–105.

Kliman, G. (1965) *Psychological emergencies of childhood*, New York: Grune & Stratton.

Kluft, R.P. (ed.) (1985) *Childhood antecedents of multiple personality*, Washington D.C.: American Psychiatric Press.

Kobak, R.R. and Sceery, A. (1988) 'Attachment in late adolescence; working models, affect regulation and representations of self and others'. *Child Development*, 59.

Kohut, H. (1971) *The analysis of the self*, New York: International Universities Press.

Kohut, H. (1977) *The restoration of the self*, New York: International Universities Press.

Kuhn, T.S. (1962) *The structure of scientific revolutions* (2nd edition 1970) Chicago: University of Chicago Press.

Kuhn, T.S. (1974) 'Second thoughts on paradigms' in F. Suppe (ed.) *The structure of scientific theory*, 459–99, Urbana, Illinois: University of Illinois Press.

Lamb, M.E. (1977) 'The development of mother-infant and father-infant attachment in the second year of life', *Developmental Psychology*, 13: 637–48.

Latakos, I. (1974) 'Falsification and the methodology of scientific research programmes' in I. Latakos and A. Musgrave (eds) *Criticism and the growth of knowledge*, London: Cambridge University Press.

Levy, D. (1937) 'Primary affect hunger', *American Journal of Psychiatry*, 94: 643–52.

Lind, E. (1973) 'From false-self to true-self functioning: a case in brief psychotherapy', *British Journal of Medical Psychology*, 46: 381–9.

Liotti, G. (1986) 'Structural cognitive therapy' in W. Dryden and W. Golden (eds) *Cognitive-behavioural approaches to psychotherapy*, 92–128, New York; Harper & Row.

Liotti, G. (1987) 'The resistance to change of cognitive structures: a counterproposal to psychoanalytic metapsychology', *Journal of Cognitive Psychotherapy*, 1: 87–104.

Lorenz, K.Z. (1935) 'Der Kumpan in der Umvelt des Vogels', *J. Orn. Berl.*, 83, English translation in C.H. Schiller (ed.) *Instinctive behaviour*, New York: International Universities Press (1957).

Lynch, M. (1975) 'Ill-health and child abuse', *The Lancet*, 16 August 1975. Lynch, M.A. and Roberts, J. (1982) *Consequences of child abuse*, London: Academic Press.

Mackey, W.C. (1979) 'Parameters of the adult-male-child bond', *Ethology and Sociobiology* 1: 59–76.

Mahler, M.S. (1971) 'A study of the separation-individuation process and its possible application to borderline phenomena in the psycho- analytic situation', *The psychoanalytic study of the child*, 26: 403–24.

Mahler, M.S., Pine, F., and Bergman, A. (1975) *The psychological birth of the human infant*, New York: Basic Books.

Main, M.B. (1977) 'Analysis of a peculiar form of reunion behaviour in some day--care children: its history and sequelae in children who are home- reared', in R. Webb (ed.) *Social development in childhood: daycare programs and research*, Baltimore: John Hopkins University Press.

Main, M. (1988) 'Parental aversion to physical contact with the infant: stability, consequences and reasons' in T.B. Brazelton and K. Barnard (eds) *Touch* New York: International Universities Press.

Main, M. and Cassidy, J. (1988) 'Categories of response with the parent at age six: predicted from infant attachment classifications and stable over a one month period', *Developmental Psychology*, 24: 415–26.

Main, M. and George, C. (1985) 'Responses of abused and disadvantaged toddlers to distress in age-mates: a study in the day-care setting', *Developmental Psychology*, 21, 407–12.

Main, M. and Hesse, E. (1990) 'Parents' unresolved traumatic experiences are related to infant disorganized attachment: Is frightened and/ or frightening parental behaviour the linking mechanism.', in M. Greenberg, D. Cicchetti and M. Cummings (eds) *Attachment in the preschool years*, Chicago: University of Chicago Press.

Main, M. and Solomon, J. (1990) 'Procedure, for identifying infants as disorganized/ disoriented during the Ainsworth Strange Situation' in

M. Greenberg, D. Cicchetti, and M. Cummings (eds), *Attachment in the preschool years*, Chicago: University of Chicago Press.

Main, M. and Weston, D. (1981) 'Quality of attachment to mother and to father: related to conflict behaviour and the readiness for estab- lishing new relationships', *Child Development*, 52: 932–940.

Main, M., Kaplan, N., and Cassidy, J. (1985) 'Security in infancy, childhood and adulthood: a move to the level of representation' in I. Bretherton and E. Waters (eds) *Growing points in attachment: theory and research*, Monographs of the Society for Research in Child Develop- ment Serial 209: 66–104, Chicago: University of Chicago Press.

Malan, D.M. (1973) 'Therapeutic factors in analytically-oriented brief psy- chotherapy' in: R.H. Gosling (ed.) *Support, Innovation and Autonomy*, 187–209, London: Tavistock.

Malone, C.A. (1966) 'Safety first: comments on the influence of external danger in the lives of children of disorganized families', *American Journal of Orthopsychiatry* 36: 6–12.

Manning, M., Heron, J., and Marshall, T. (1978) 'Styles of hostility and social inte- ractions at nursery, at school and at home: an extended study of children' in L. Hersov and M. Berger (eds) *Aggression and antisocial behaviour in childhood and adolescence*, 29–58, Oxford and New York: Pergamon.

Marris, P. (1958) *Widows and their families*, London: Routledge & Kegan Paul.

Marrone, M. (1984) 'Aspects of transference in group analysis', *Group Analysis*, 17: 179–90.

Marsden, D. and Owens, D. (1975) 'The Jekyll and Hyde marriages', *New Society*, 32: 333–5.

Martin, H.P. and Rodeheffer, M.A. (1980) 'The psychological impact of abuse in children' in G.J. Williams and J. Money (eds) *Traumatic abuse and neglect of chil- dren at home*, Baltimore, Maryland: Johns Hopkins University Press.

Matas, L., Arend, R.A., and Sroufe, L.A. (1978) 'Continuity of adaptation in the se- cond year: the relationship between quality of attachment and later competen- ce', *Child Development*, 49: 547–56.

Mattinson, J. and Sinclair, I. (1979) *Mate and stalemate*, Oxford: Blackwell. Meisel- man, K.C. (1978) *Incest—a psychological study of causes and effects with treatment recommendations*, San Francisco: Jossey-Bass.

Melges, F.T. and DeMaso, D.R. (1980) 'Grief resolution therapy: reliving, revising, and revisiting', *American Journal of Psychotherapy*, 34: 51–61.

Miller, A. (1979, English translation 1983) *The drama of the gifted child and the search for the true self*, London: Faber and Faber.

Mintz, T. (1976) 'Contribution to panel report on effects on adults of object loss in the first five years', reported by M. Wolfenstein, *Journal of the American Psychoa- nalytic Association*, 24, 662–5.

Mitchell, M.C. (in preparation) 'Physical child abuse in a Mexican-American popu- lation' in K.E. Pottharst (ed.) *Research explorations in adult attachment*.

Morris, D. (1981) 'Attachment and intimacy' in G. Stricker (ed.) *Intimacy*, New York: Plenum.

Morris, M.G. and Gould, R.W. (1963) 'Role reversal: a necessary concept in dealing with the "Battered child syndrome", *American Journal of Orthopsychiatry*, 32: 298-9.

Newson, J. (1977) 'An intersubjective approach to the systematic des- cription of mother-infant interaction', in H.R. Schaffer (ed.) *Studies in mother-infant interaction*, New York: Academic Press.

Niederland, W.G. (1959a) 'The "miracled-up" world of Schreber's child- hood', *The Psychoanalytic Study of the Child*, 14: 383–413.

Niederland, W.G. (1959b) 'Schreber: father and son', *Psycho-Analytic Quarterly*, 28: 151–69.

Norman, D.A. (1976) *Memory and attention: introduction to human informa- tion processing* (2nd edition), New York: Wiley.

Offer, D. (1969) *The psychological world of the teenager: a study of normal adolescent boys*, New York: Basic Books.

Palgi, P. (1973) 'The socio-cultural expressions and implications of death, mourning and bereavement arising out of the war situation in Israel' *Israel Annals of Psychiatry*, 11: 301–29.

Parke, R.D. (1979) 'Perspectives on father-infant interaction' in J.D. Osofsky (ed.) *Handbook of infant development*, New York: Wiley.

Parke, R.D. and Collmer, C.W. (1975) 'Child abuse: an interdisciplinary analysis' in E.M. Hetherington (ed.) *Review of Child Development Research*, vol. 5, Chicago: University of Chicago Press.

Parkes, C.M. (1972) *Bereavement: studies of grief in adult life*, London: Tavistock; New York: International Universities Press.

Parkes, C.M. and Stevenson-Hinde, J. (eds) (1982) *The place of attachment in human behavior*, New York: Basic Books; London: Tavistock.

Pedder, J. (1976) 'Attachment and new beginning', *International Review of Psycho-analysis*, 3: 491–7.

Peterfreund, E. (1971) *Information, systems, and psychoanalysis*, Psycho- logical Issues, vol. VII. Monograph 25/26, New York: International Universities Press.

Peterfreund, E. (1978) 'Some critical comments on psychoanalytic con- ceptualizations of infancy', *International Journal of Psycho-Analysis*, 59: 427–41.

Peterfreund, E. (1983) *The process of psychoanalytic therapy: modes and strategies*, New York: Analytic Press.

Peterson, G.H. and Mehl, L.E. (1978) 'Some determinants of maternal attachment', *American Journal of Psychiatry*, 135: 1168–73.

Pine, F. (1985) *Developmental theory and clinical process*, New Haven: Yale University Press.

Popper, K.R. (1972) *Objective knowledge: an evolutionary approach*, Oxford: Clarendon Press.

Pound, A. (1982) 'Attachment and maternal depression' in C.M. Parkes and J. Stevenson-Hinde (eds) *The place of attachment in human behavior*, 118-130, New York: Basic Books; London: Tavistock.

Pound, A. and Mills, M. (1985) 'A pilot evaluation of Newpin, a home visiting and befriending scheme in South London', *Newsletter of Association for Child Psychology and Psychiatry*, 7, no. 4: 13-15.

Provence, S. and Lipton, R.C. (1962) *Infants in institutions*, New York: Inter- national Universities Press.

Radford, M. (1983) 'Psychoanalysis and the science of problem-solving man: an application of Popper's philosophy and a response to Will (1980)', *British Journal of Medical Psychology*, 56: 9-26.

Radke-Yarrow, M., Cummings, E.M., Kuczynski, L., and Chapman, M. (1985) 'Patterns of attachment in two- and three-year olds in normal families and families with parental depression', *Child Development*, 56: 884-93.

Rajecki, D.W., Lamb, M.E., and Obmascher, P. (1978) 'Towards a general theory of infantile attachment: a comparative review of aspects of the social bond', *The Behavioral and Brain Sciences*, 3: 417-64.

Raphael, B. (1977) 'Preventive intervention with the recently bereaved', *Archives of General Psychiatry*, 34: 1450-4.

Raphael, B. (1982) 'The young child and the death of a parent' in C.M. Parkes and J. Stevenson-Hinde (eds) *The place of attachment in human behaviour*, 131-50, New York: Basic Books; London: Tavistock. Raphael, D. (1966) 'The lactation-suckling process within a matrix of sup- portive behaviour', dissertation for the degree of PhD submitted to Columbia University.

Ricks, M.H. (1985) 'The social transmission of parental behaviour: attach- ment across generations' in I. Bretherton and E. Waters (eds) *Growing points in attachment theory and research*, Monograph of the Society for Research in Child Development Serial no. 209, 211-27.

Ricoeur, P. (1970) *Freud and philosophy: an essay in interpretation* (trans: D. Savage), New Haven: Yale University Press.

Ringler, N., Kennell, J.H., Jarvella, R., Navajosky, R.J., and Klaus, M.H. (1975) 'Mother to child speech at two years: the effects of increased postnatal contact', *Journal of Pediatrics*, 86, 141-4.

Robertson, J. (1952) *A two year-old goes to hospital* (film), Ipswich: Concord Films Council; New York: New York University Film Library.

Robertson, J. (1953) 'Some responses of young children to loss of maternal care', *Nursing Times*, 49: 382-6.

Robertson, J. (1958) *Going to hospital with mother* (film) Ipswich: Concord Films Council; New York: New York University Film Library.

Robertson, J. (1970) *Young children in hospital* (2nd edition) London: Tavistock.

Robertson, J. and Bowlby, J. (1952) 'Responses of young children to separ- ation from their mothers', *Courrier Centre Internationale Enfance*, 2: 131-42.

Robson, K.M. and Kumar, R. (1980) 'Delayed onset of maternal affection after childbirth', *British Journal of Psychiatry*, 136: 347-53.

Rosen, V.H. (1955) 'The reconstruction of a traumatic childhood event in a case of derealization', *Journal of the American Psychoanalytic Association*, 3: 211-21; reprinted in A.C. Cain (ed.) (1972) *Survivors of suicide*, Springfield, Illinois: C.C. Thomas.

Rosenblatt, A.D. and Thickstun, J.T. (1977) *Modern psychoanalytic concepts in a general psychology*, parts 1 and 2, Psychological Issues Mono- graph 42/43, New York: International Universities Press.

Rosenfeld, S. (1975) 'Some reflections arising from the treatment of a traumatized child' in *Hampstead Clinic Studies in Child Psycho- analysis*, 47-64, New Haven, Conn.: Yale University Press.

Rubinstein, B.B. (1967) 'Explanation and mere description: a meta- scientific examination of certain aspects of the psychoanalytic theory of motivation' in R.R. Holt (ed.) *Motives and thought: psycho- analytic essays in honor of David Rapaport*, 20-7, Psychological Issues Monograph 18/19, New York: International Universities Press.

Rutter, M. (1979) 'Maternal deprivation, 1972-1978: new findings, new con- cepts, new approaches', *Child Development*, 50: 283-305; reprinted in *Maternal Deprivation Reassessed* (2nd edition), Harmondsworth: Penguin, 1981.

Rutter, M. (ed.) (1980) *Scientific foundation of developmental psychiatry*, London: Heinemann Medical Books.

Sameroff, A.J. and Chandler, M.A. (1975) 'Reproductive risk and the con- tinuance of caretaking casualty' in F.D. Horowitz, *et al.* (eds) *Review of Child Development Research*, vol. 4, 187-244, Chicago: University of Chicago Press.

Sander, L.W. (1964) 'Adaptive relationships in early mother–child inter- action', *Journal of the American Academy of Child Psychiatry*, 3: 231-64. Sander, L.W. (1977) 'The regulation of exchange in the infant-caregiver system and some aspects of the context-content relationships' in M. Lewis and L. Rosenblum (eds) *Interaction, conversation and the development of language*, 133-56, New York and London: Wiley.

Sander, L. (reporter) (1980) 'New knowledge about the infant from current research: implications for psychoanalysis', Report of panel held at the Annual Meeting of the American Psychoanalytic Association, Atlanta, May 1978, *Journal of the American Psychoanalytic Association*, 28: 181-98.

Santayana, G. (1905) *The life of reason*, vol.1, New York: Scribner.

Schafer, R. (1976) *A new language for psychoanalysis*, New Haven: Yale University Press.

Schaffer, H.R. (ed.) (1977) *Studies in mother-infant interaction*, London: Academic Press.

Schaffer, H.R. (1979) 'Acquiring the concept of the dialogue' in H.M. Bornstein and W. Kessen (eds) *Psychological development from infancy: image to intention*, 279-305, Hillsdale, New Jersey: Lawrence Erlbaum.

Schaffer, H.R. and Crook, C.K. (1979) 'The role of the mother in early social development' in B. McGurk (ed.) *Issues in childhood social develop- ment*, 55–78, London: Methuen.

Schaffer, H.R., Collis, G.M., and Parsons, G. (1977) 'Vocal interchange and visual regard in verbal and preverbal children', in H.R. Schaffer (ed.) *Studies in mother- -infant interaction*, 291–324, London: Academic Press.

Sosa, R., Kennell, J., Klaus, M., Robertson, S., and Urrutia, J. (1980) 'The effect of a supportive companion on length of labour, mother- infant interaction and perinatal problems', *New England Journal of Medicine*, 303: 597–600.

Spiegel, R. (1981) 'Review of *Loss: Sadness and Depression* by John Bowlby', *American Journal of Psychotherapy*, 35: 598–600.

Spinetta, J.J. and Rigler, D. (1972) 'The child-abusing parent: a psycho- logical review', *Psychological Bulletin*, 77: 296–304.

Spitz, R.A. (1945) 'Hospitalism: an enquiry into the genesis of psychiatric conditions in early childhood', *The Psychoanalytic Study of the Child*, 1: 53–74.

Spitz, R.A. (1946) 'Anaclitic depression', *The Psychoanalytic Study of the Child*, 2: 313–42.

Spitz, R.A. (1947) *Grief: a peril in infancy* (film), New York: New York University Film Library.

Spitz, R.A. (1957) *No and yes*, New York: International Universities Press. Sroufe, L.A. (1983) 'Infant–caregiver attachment and patterns of adaptation in pre-school: the roots of maladaptation and competence', in M. Perlmutter (ed.) *Minnesota Symposium in Child Psychology*, vol. 16, 41–81, Minneapolis: University of Minnesota Press.

Sroufe, L.A. (1985) 'Attachment-classification from the perspective of infant-caregiver relationships and infant temperament', *Child Devel- opment*, 56: 1–14.

Sroufe, L.A. (1986) 'Bowlby's contribution to psychoanalytic theory and developmental psychology', *Journal of Child Psychology and Psych- iatry*, 27: 841–9.

Steele, B.F. and Pollock, C.B. (1968) 'A psychiatric study of parents who abuse infants and small children' in R.E. Helfer and C.H. Kempe (eds) *The battered child*, 103–45, Chicago: University of Chicago Press.

Stephen, A. (1934) 'On defining psychoanalysis', *British Journal of Medical Psychology*, 11: 101–16.

Stern, D.N. (1977) *The first relationship: infant and mother*, London: Fontana, Open Books.

Stern, D.N. (1985) *The interpersonal world of the infant*, New York: Basic Books.

Strachey, J. (1959), Editor's introduction to the *Standard Edition* of Freud's *Inhibitions, Symptoms and Anxiety*, SE 20, 77–86, London: Hogarth Press.

Stroh, G. (1974) 'Psychotic children' in P. Barker (ed.) *The residential psychiatric treatment of children*, 175–90, London: Crosby.

Strupp, H.H. and Binder, J.L. (1984) *Psychotherapy in a new key: a guide to time-limited dynamic psychotherapy*, New York: Basic Books.

Sulloway, F. (1979) *Freud, biologist of the mind*, New York: Basic Books. Svejda, M.J., Campos, J.J., and Emde, R.N. (1980) 'Mother–infant bonding: failure to generalize', *Child Development*, 51: 775–9.

Trevarthen, C. (1979) 'Instincts for human understanding and for cultural co-operation: their development in infancy', in M. von Cranach, K. Foppa, W. Lepenies, and D. Ploog (eds) *Human Ethology*, 539–71, Cambridge: Cambridge University Press.

van der Eyken, W. (1982) *Home-start: a four-year evaluation*, Leicester: Home-Start Consultancy (140 New Walk, Leicester LE1 7JL).

Waddington, C.H. (1957) *The strategy of the genes*, London: Allen & Unwin.

Wärtner, U.G. (1986) 'Attachment in infancy and at age six, and children's self-concept: a follow-up of a German longitudinal study', doctoral dissertation, University of Virginia.

Weisskopf, V.F. (1981) 'The frontiers and limits of physical sciences' *Bulletin of the American Academy of Arts and Sciences*, 34.

Wenner, N.K. (1966) 'Dependency patterns in pregnancy', in J.H. Masser- man (ed.) *Sexuality of women*, 94–104, New York: Grune & Stratton.

Winnicott, C. (1980) 'Fear of breakdown: a clinical example', *International Journal of Psycho-Analysis*, 61: 351–7.

Winnicott, D.W. (1957) 'Primary maternal preoccupation', in *Collected papers: through paediatrics to psychoanalysis*, 300–5, London: Tavistock.

Winnicott, D.W. (1960) 'Ego distortion in terms of true and false self', reprinted in D.W. Winnicott (1965) *The maturational process and the facilitating environment*, 140–52, London: Hogarth; New York: International Universities Press.

Winnicott, D. (1974) 'Fear of breakdown', *International Review of Psycho- analysis*, 1: 103–7.

Wolkind, S., Hall, F., and Pawlby, S. (1977) 'Individual differences in mothering behaviour: a combined epidemiological and obser- vational approach' in P.J. Graham (ed.) *Epidemiological approaches in child psychiatry*, 107–23, New York: Academic Press.

Zahn-Waxler, C., Radke-Yarrow, M., and King, R.A. (1979) 'Child-rearing and children's prosocial initiations toward victims of distress', *Child Development*, 50: 319–30.

Apêndice às referências

Criança transformada em válvula de escape da família

Gillett, R. (1986) 'Short-term intensive psychotherapy – a case history', *British Journal of Psychiatry*, 148: 98–100.

Pai usa técnicas indutoras de culpa

Griffin, P. (1986) *Along with youth: Hemingway, the early years*, Oxford: Oxford University Press.

Criança vítima de abuso físico

Estudos do desenvolvimento
Crittenden, P. (1985) 'Maltreated infants: vulnerability and resilience', *Journal of Child Psychology and Psychiatry*, 26: 85–96.
George, C. and Main, M. (1979) 'Social interactions of young abused chil- dren: approach, avoidance and aggression', *Child Development*, 50: 306–18.
Main, M. and George, C. (1985) 'Responses of abused and disadvantaged toddlers to distress in age mates: a study in the day-care setting', *Developmental Psychology*, 21: 407–12.

Estudos de terapêutica
Hopkins, J. (1984) 'The probable role of trauma in a case of foot and shoe fetishism: aspects of the psychotherapy of a 6-year-old girl', *International Review of Psychoanalysis*, 11: 79–91.
Hopkins, J. (1986) 'Solving the mystery of monsters: steps towards the recovery from trauma', *Journal of Child Psychotherapy*, 12: 61–71.
Lanyado, M. (1985) 'Surviving trauma: dilemmas in the psychotherapy of traumatised children', *British Journal of Psychotherapy*, 2: 50–62.

Criança vítima de abuso sexual

Bass, E. and Thornton, L. (eds) (1983) *I never told anyone: writings by women survivors of child sexual abuse*, New York: Harper & Row.
Herman, J.L. (1981) *Father-daughter incest*, Cambridge, Mass.: Harvard University Press.
Herman, J., Russell, D., and Trocki, K. (1986) 'Longterm effects of incestuous abuse in childhood', *American Journal of Psychiatry*, 143: 1293–6.

Índice onomástico

A

Adams-Tucker, C. 121
Adelson, E. 180-181
Ainsworth, Mary Salter xi, 9-10, 26-27, 32-33, 78, 153; maternal responsiveness 52-56; patterns of attachment 144-146; physical contact 16-17; secure base 70-72, 142-143; social cooperation 9-10
Anderson, J. W. 71-72
Arend, R. 10-11, 146

B

Baldwin, J. 97
Ballou, J. 4 Bell, S. M. 153
Bender, Lauretta 24-25
Bergman, A. 40, 52-53, 69-70
Binder, J. L. 164
Blehar, M. C. 144-145, 153
Blight, J. G. 86-87
Bliss, E. L. 106, 132-133, 133-134
Bloch, D. 106, 134-135
Bowlby, John 3, 24-25, 61-62, 69-70, 135-136; abandonment 125-126; detachment 38; environmental homeostasis 144-145; parent's childhood 19-20; separation 36-37, 98; suicide attempts 120
Brazelton, T. B. 7-8
Bretherton, I. 152
Brown, G. W. 41
Burlingham, Dorothy 24-25
Burnham, D. L. 35-36

C

Cain, A. C. 117-118
Campos, J. J. 15-16
Casement, P. 164, 177-178
Cassidy, J.: Handbook of Attachment (with Shaver) xii; internalization 151-152; mother's childhood 155-157; patterns of attachment 144-145, 149-150
Cater, J. I. 19-20
Chandler, M. A. 102
Clarke-Stewart, K. A. 11-12
Collis, G. M. 3-9
Collmer, C. 18-19
Crittenden, Pat 103, 146
Crook, C. K. 13-14

D

Darwin, Charles 76-77

DeLozier, Pauline P. 18-20, 42, 97-99
DeMaso, D. R. 136-137
Deutsch, Helene: *Absence of Grief,* 36
Diamond, D. xvi
Dixon, N. F. 39, 81-82
Dozier, M. xvi

E

Easton, P. M. 19-20
Efron, A. 50
Emde, R. N. 15-16, 143-144
Epstein, S. 154
Erdelyi, M. H. 81-82, 128-129
Eyken, W. van der 112

F

Fairbairn, W. R. D. 57-58, 80-81, 164
Farrington, D. P. 106, 108
Fast, I. 117-118
Feinstein, H. M. 101
Fonagy, P. xiv
Frailberg, S. 180-181
Freeman, Arthur: *Cognition and Psychotherapy* (with Mahoney) 114
Freud, Anna 24-25, 52
Freud, Sigmund 34; analysis 65, 161-162; child development 75-78; communication 154; drives and instincts 92; hysteria 50; paranoia 135-136; psychic energy 38; repression 81-83, 116-117; science of 45-46, 68-69
Frodi, A. M. 107
Frommer, E. A. 17-18
Furman, E. 37, 132-133

G

Gaensbauer, T. J. 102
Gaines, R. W. 19-20
Gayford, J. J. 108
Gedo, J. E. 69-70
George, C. 42, 103, 105
Gill, H. S. 126-129, 164
Goldfarb, William 24-25

Gould, R. W. 19-20, 97
Gove, F. L. 10-11
Green, A. H. 19-20
Grinker, R. R. 2
Grossmann, K. xii, 144-145, 153
Grossmann, K. E. xii, 144-145, 153
Guidano, V. F. 114, 136-137
Guntrip, H. 84-85, 164

H

Haeckel, Ernst 77-78
Hall, F. 17-18
Hansburg, H. G.: Separation Anxiety Text 97-98
Hargreaves, Ronald 24-25
Harlow, Harry F. 26-27, 30-31
Harlow, M. K. 26-27
Harris, T. O. 41
Harrison, M. 110, 112
Hazan, C. 150
Heinicke, Christoph 26-27, 51, 62-63
Helfer, R. E. 110
Heron, J. 104
Hesse, E. 146
Hinde, Robert A. 26-27, 31-33, 182-183
Holt, R. R. 86-87
Home, H. J. 69-70
Hopkins, J. 106, 133-135
Horney, Karen: *Neurosis and Human Growth* 90-91
Horowitz, M. 164-165

I

Izard, C. E. 143-144

J

Johnson-Laird, P. N. 140-141
Jones, Ernest 76-77

K

Kaplan, N. 144-145, 151; mother's childhood 155-157

Kaye, H. 8-9
Kempe, C. H. 110
Kennell, J. H. 6-7, 14-16
Kernberg, O. 57-59
King, R. A. 16-17, 105
Klaus, M. H. 6-7, 14-16
Klein, George S. 69-70
Klein, Melanie 28-29, 69-70; *Mourning and its Relation to Manic-Depressive States* 36
Klein, Milton 40
Kliman, G. 37
Kluft, R. P. 133-134
Kobak, R. R. 150
Kohut, H. 39, 57-58, 80-81, 164
Koslowski, B. 7-8
Kris, Ernst 52
Kuhn, Thomas S. 29-31, 40
Kumar, R. 6-7

L

Lamark, Jean Baptiste de Monet 76-77
Lamb, M. E. 11-12, 32-33, 107
Latakos, I. 85-86
Levy, David 24-25
Lewin, Kurt 42-43
Lieberman, A. F. 153
Lind, Elizabeth 59-61
Liotti, G. 114, 136-137, 155
Lipton, Rose A. 26-27
Lorenz, Konrad Z. 28-30
Lynch, M. 18-20, 106, 110

M

MacCarthy, Brendan 121-122
Mackey, W. C. 11-12
Mahler, Margaret S. 52-53, 69-70; *The Psychological Birth of the Infant* 40-41; rejection 62-63
Mahoney, Michael: *Cognition and Psychotherapy* (with Freeman) 114
Main, Mary 7-8, 10-11, 42, 103, 105, 144-146; Adult Attachment Interview xiv; communication 152-153; defensive numbing 62-63; internalization 151-152; mother's childhood 155-157; patterns of attachment 149-150
Malan, D. M. 164
Malone, C. A. 102
Manning, M. 104
Marris, P. 36
Marrone, M. 172-173
Marsden, D. 107-108
Marshall, T. 104
Martin, H. P. 102, 106
Matas, L. 146
Mattinson, Janet 108-110
Mehl, L. E. 15-16
Meiselman, K. C. 121
Melges, F. T. 136-137
Miller, Alice 123, 124-126
Mills, M. 110
Mintz, Thomas 78, 84-85
Mitchell, M. C. 99
Morris, D. 19-20, 97, 155

N

Newson, Elizabeth 78
Newson, John 78
Niederland, W. G. 135-136
Norman, D. A. 39, 128-129

O

Obsmascher, P. 32-33
Offer, D. 2, 69-70
O'Shea, G. 17-18
Owens, D. 107-108

P

Palgi, P. 123
Parke, R. D. 11-12, 18-19
Parkes, C. M. 32-33, 37, 42, 85-86
Parsons, G. 8-9
Paul, N. 101
Pawlby, S. J. 17-18
Pedder, Jonathan 59-60
Perret-Clermont, A-N. 182-183

Peterfreund, E. 40, 69-70, 136-137, 164, 177-178
Peterson, G. H. 15-16
Pettison, E. 101
Pine, F. 40, 52-53, 69-70, 164
Pollock, C. B. 19-20, 97
Popper, Karl R. 85-87
Pound, A. 103, 110
Provence, Sally 26-27

R

Radford, M. 86-87
Radke-Yarrow, M. 16-17, 105, 146
Rajecki, D. W. 32-33
Raphael, D. 13-15, 37, 136-137
Ricks, M. H. 155
Ricoeur, Paul 69-70
Rigler, D. 96
Ringler, N. 15-16
Roberts, J. 106, 110
Robertson, James 24-25, 36, 51, 61-63; detachment 38; *A Two-Year Old Goes to Hospital* 25-26
Robson, K. M. 6-7
Rodeheffer, M. A. 102, 106
Rosen, V. H. 118-119
Rosenblatt, A. D. 69-70
Rosenfeld, S. 133-134
Rubinstein, B. B. 69-70
Rutter, M. 32-33, 41-42

S

Sameroff, A. J. 102
Sander, L. W. 7-8, 69-70
Sandgrun, A. 19-20
Sands, K. 102
Santayana, George 162
Sceery, A. 150
Schafer, R. 69-70
Schaffer, H. R. 7-9, 13-14
Schwan, A. 144-145, 153
Shapiro, V. 180-181

Shaver, P. 150; *Handbook of Attachment* (with Cassidy) xii
Sinclair, Ian 107, 108-110
Solomon, J. 146
Sosa, R. 14-15
Spencer-Booth, Y. 26-27
Spiegel, R. 40
Spinetta, J. J. 96
Spitz, René A. 24-27, 52, 69-70; *A Peril in Infancy* 25-26
Sroufe, L. A. 10-11, 32-33, 102, 144-146; stability of pattern 148
Stayton, D. J. 153
Steele, B. F. 19-20, 97
Stephen, Adrian 167-169
Stern, D. N. 7-8, 69-70, 142-143, 158
Stevenson-Hinde, J. 32-33, 42, 85-86, 182-183
Strachey, James 34, 76-77
Stroh, G. 106, 133-134
Strupp, H. H. 164
Sulloway, Frank 76-77
Svedja, M. J. 15-16

T

Thickstun, J. T. 69-70
Trause, M. A. 6-7
Trevarthen, Colwyn 78

V

Van der Eyken, W. 112

W

Waddington, C. H. 74-75
Wall, S. 144-145
Wärtner, U. G. 149
Waters, E. 144-145
Weisskopf, V. F. 86-87
Wenner, N. K. 4
Westheimer, Ilse 26-27, 62-63
Weston, D. 10-11, 146

Winnicott, Clare 59-60
Winnicott, Donald W. 7-8, 39, 57-58, 164; analysis technique 84-85; dependency feelings 61-62; false self 64-65, 80-81, 145-146; inadequate mothering 58-60
Wittig, B. A. 32-33
Wittkower, Eric 114
Wolkind, S. 17-18

Y

Yarnell, H. 24-25

Z

Zahn-Waxler, C. 16-17, 105
Zimmermann, R. R. 30-31
Zindler, H. xii

Índice

A

Abandono: terapeuta e, 178-180
  ameaças de, 172-173
Abuso infantil: apego desviante, 146
  efeito em crianças, 101-107
  experiência dos pais, 16-17-20-21
  mães que abusam, 96-101
  medidas preventivas, 110-114
  silêncio sobre, 115-116
  transtorno dissociativo de identidade e, 132-136
  violência nas famílias, 89-96
Adolescentes, 2, 3
Amnésia, 116-120
Ansiedade, 4; *ver também* Ansiedade de separação
  relação terapêutica, 169-170
  violência familiar e, 94-95
Ansiedade de separação, 34-36
  eventos ameaçadores, 171-174
Apego e teoria do apego, 70-71, 151-155; *ver também* Parentalidade; Base segura
  além da infância, 4
  ansioso, 94-95
  características da teoria, 139-142
  comportamento instintivo, 70-71
  controle fisiológico do, 143-145
  desenvolvimento da personalidade e, 157-159
  desenvolvimento da teoria, 24-28
  e exploração, 70-73
  formação do, 3-10, 30-34
  internalização, 148
  lembranças da mãe e, 155-157
  padrões desviantes de, 144-147
  para terapeutas, 83-84
  persistência de padrões, 147-151
  proximidade e, 73-74
  vínculo, 15-17, 141-145
Autismo, 158

B

Base segura, 41
  estabelecendo uma, 11-14
  genitor como, 70-72, 142-143
  na terapia, 162, 164-166, 177-181
Bebês: relações iniciais, 8-9; *ver também* Relações mãe–bebê
  experimento de situação estranha, 8-10
Behaviorismo, 32-33
Biologia: modelo para desenvolvimento, 72-77; capítulos de filogenia ontogenia, 76-77
Brincar, 8-9

C

Ciências: formação da personalidade e, 82-87
Ciúme, 4
   dos homens, 92, 107-108
Comportamento sexual, 6
   abuso sexual, 115
   adiantar para o terapeuta, 168-169
   dos pais, 120
   estrutura conceitual, 85-86
   incesto, 121-122
   percepções de, 126-130
   relações violentas e, 92-93
Comunicação, 153-154
   na terapia, 180-183
Cuidado; *ver* Parentalidade

D

Darwinismo, 72-73, 76-77
Dependência, 12-13, 28-29
   casos para psicanálise, 57-65
   uso dos termos, 31-32, 72-73
Depressão, 4, 20-21
   do abuso, 102
   fontes infantis de, 41
Desapego: processos defensivos, 38-40
Desenvolvimento da personalidade: teoria
   do apego e, 157-159
   teoria do, 30-31
Desenvolvimento infantil: modelos
   biológicos, 72-77
Disciplina, 13-14
   ameaças e efeitos, 171-173

E

Estados de fuga, 130-131
Etologia, 70-71
   parentalidade e, 3-7
   pássaros de Lorenz, 28-30
Experimento de situação estranha, 8-10

F

Falso *self*, 131-132, 145-146, 167-168

   dependência e, 61-62, 64-65
Famílias: efeitos do rompimento, 41-42,
   56-58; *ver também* Parentalidade
   violência, 89-96

G

Grupos de autoajuda, 20-21

I

Incesto; *ver* Comportamento sexual
Instintos: formação de apego, 30-34

L

Libido, 6

M

Mães e maternidade: abusadoras, 96-101
   e pais, 9-12
   experiência de nascimento, 14-16
   formando relações, 6-10
   privação materna, 26-28, 42
   relembrando a infância, 155-157
   trabalho difícil de, 56-58
   vínculo, 15-17
Medos e fobias: da escola, 20-21
Morte: repressão de sentimentos, 123
   suicídio e, 118-120

N

Narcisismo, 130-131, 142-143, 145-146

P

Pais e paternidade: reações infantis a,
   14-15
   e mães, 9-12
   famílias violentas, 107-110
Paranoia, 135-136
Parentalidade: eventos adversos, 171-177
   instrução, 20-21
   peri e pré-natal, 13-17

própria infância e, 16-21, 96-101, 106, 147, 155-157
comunicação, 153-154
papel social de, 1-3
formando apego, 3-4
como natural, 5-6
perspectiva etológica, 3-7
relações invertidas, 19-20, 35-36, 42, 99, 123-126, 149-150, 168-169
mães e pais, 9-12
Perda e luto, 35-37; *ver* Ansiedade de separação
e desapego, 78-84
Positivismo lógico, 85-87
Processos defensivos, 37-40; *ver também* Transtornos cognitivos
Psicologia cognitiva, 39
Psicologia comparativa, 70-71

R

Raiva e agressão, 4; *ver também* Abuso infantil
entre homens e mulheres, 109-110
infância dos pais e, 16-21
medidas preventivas, 110-114
na relação terapêutica, 169-170
violência familiar, 92-96
Regressão, 12-13
Rejeição: como controle, 171-172; desapego
falso *self*, 131-132; *ver também* Abuso infantil
padrões desviantes de apego, 145-147
Repressão, 81-82
informando o terapeuta e, 166-168
Respostas sociais: além da biologia, 75-76
aprendendo cooperação, 9-10
respostas de crianças abusadas, 103-105
simpatia pelos outros, 105

S

Sentimentos, 4; *ver também* Raiva e agressão; Ansiedade; Depressão; Sentimentos de culpa

comunicação terapêutica, 180-183
reprimidos, 102, 123
Sentimentos de culpa, 93, 117-118, 171-172, 174-175
Simbiose, 35-36, 158
Situação estranha de Ainsworth, 146
Suicídio: efeito em crianças, 118-120
ameaçado, 172-174
famílias violentas e, 109

T

Teoria das relações objetais, 28-29, 33
Teoria psicanalítica: casos de "sentimentos de dependência", 57-65
como ciência, 45-46, 68-71, 75-78, 85-87
energia psíquica, 30-31, 69-70, 71-72, 75-76
estrutura conceitual, 29-31
mundo interno, 50-51
observação direta e, 51-57
perda, 36
pesquisa e metodologia, 46-50, 82-87
processos defensivos, 38
terapia como arte, 45-46
transferência, 166-171
Teorias de aprendizagem, 5, 25-26
Terapia: transtornos cognitivos, 135-137
comunicação emocional, 180-183
negativas e não confirmações, 173-177
postura do terapeuta, 176-181
relação de transferência, 166-171
tarefas de, 162-167
Teste de ansiedade de separação, 98
Transferência, 166-171
Transtorno dissociativo de identidade, 115, 130-136
Transtornos cognitivos: transtornos de memória, 116-120, 130-131
abuso sexual e, 121-122
inverdades e, 118
percepções e, 126-130
sentimentos reprimidos, 123

silêncio e, 115-116
suicídio dos pais e, 118-120
transtorno dissociativo de identidade, 130-136

V

Violência; *ver* Raiva e agressão; Abuso infantil